Otfried Preußler
Kindertheaterstücke

Verlag Friedrich Oetinger · Hamburg

© Verlag Friedrich Oetinger, Hamburg 1985

Alle Rechte vorbehalten, insbesondere das der Aufführung durch Berufs- und Laienbühnen, des öffentlichen Vortrags, der Verfilmung und Übertragung durch Rundfunk, Fernsehen und andere audiovisuelle Medien, auch einzelner Abschnitte. Das Recht der Aufführung ist nur vom Verlag für Kindertheater, Uwe Weitendorf, Parkberg 12, D-2000 Hamburg 65, Telefon (040) 6 07 00 55, zu erwerben.

Einbandgestaltung: Paul Maar
Einband-Vignetten: nach F. J. Tripp und Winnie Gebhardt-Gayler
Innenteil-Vignetten: Der Räuber Hotzenplotz – F. J. Tripp
Die kleine Hexe – Winnie Gebhardt-Gayler
Der goldene Brunnen – Herbert Holzing
Die dumme Augustine – Herbert Lentz
Gesamtherstellung: Clausen & Bosse, Leck
Printed in Germany 1985

ISBN 3-7891-1708-0

Inhalt

Der Räuber Hotzenplotz   7

Die kleine Hexe   53

Der goldene Brunnen   105

Die dumme Augustine   149

DER RÄUBER HOTZENPLOTZ

Der Räuber Hotzenplotz

Eine Kasperlgeschichte

*Bühnenfassung nach
dem gleichnamigen Kinderbuch*

Personen

Kasperl

Seppel

Kasperls Grossmutter

Wachtmeister Dimpfelmoser

Der Räuber Hotzenplotz

Petrosilius Zwackelmann, Zauberer

Die Fee Amaryllis

Eine Unke

Erstes Bild

Der Garten vor Großmutters Häuschen mit Gartenbank, Blumen und Sträuchern. Rechts ein Stück des Gartenzaunes mit der Gartentür, die sich regelrecht öffnen und schließen läßt. In der Mitte das Häuschen mit Tür und Fenster. Links davon ein Sandhaufen und Gartengerät.

KASPERL *taucht von rechts auf, blickt sich vorsichtig um, pfeift leise und ruft* Pscht, Seppel!
SEPPEL *steckt den Kopf herein, laut* Hast du gerufen, Kasperl?
KASPERL Pscht, pscht, pscht! Nicht so laut, Seppel! Ich glaube, sie schläft noch.
SEPPEL Fein, dann können wir also anfangen. Soll ich kommen?
KASPERL Ja, komm! Aber warte, ich helf dir ...
Er hilft Seppel einen Handwagen hereinfahren, auf den sie eine große Kiste gepackt haben. Vor Großmutters Häuschen bleiben sie stehen und laden die Kiste ab.
SEPPEL Da wird Großmutter Augen machen! Hoffentlich hat sie recht viel Freude an unserem Geburtstagsgeschenk!
KASPERL Und ob die sich freuen wird! – Können wir anfangen?
SEPPEL Von mir aus ja.
KASPERL Also gut. *Stimmt an* Aaaah!
SEPPEL *etwas zu tief* Beeeh!
KASPERL Zu tief! Höher!
SEPPEL *etwas höher* Ceeeh! – Gut so?
Musik setzt ein und begleitet das Geburtstagsständchen, das auf die Melodie »Alles neu macht der Mai« gesungen wird.
KASPERL UND SEPPEL Zum Geburts-
        tag sind wir
        heute früh erschienen hier.
        Liebes Groß-
        mütterlein,
        du sollst immer glücklich sein!

GROSSMUTTER *Sie ist während des Gesanges am Fenster erschienen und schaut heraus, nun klatscht sie in die Hände.* Bravo, Kasperl und Seppel! Bravo, bravo, das habt ihr fein gemacht! Vielen, vielen Dank für das schöne Geburtstagsständchen! Wollt ihr nicht reinkommen?
KASPERL Nein, Großmutter – besser, du kommst raus!
SEPPEL Wir haben nämlich eine Überraschung für dich!
GROSSMUTTER Noch eine Überraschung? Da bin ich aber gespannt. – Was ist es denn?
KASPERL Erst rauskommen!
GROSSMUTTER Freilich, freilich, ich komm ja schon. *Sie eilt ins Freie und umarmt Kasperl und Seppel.* So, das ist erst mal für das schöne Ständchen, danke schön, danke schön! Und jetzt ...
KASPERL Jetzt mache ich diese Kiste auf – so ...
GROSSMUTTER *beugt sich über die Kiste und hebt die Kaffeemühle heraus* Eine Kaffeemühle! Eine neue Kaffeemühle!
KASPERL Weil du doch so gern Kaffee trinkst.
SEPPEL Am besten, du probierst sie gleich mal aus.
KASPERL *holt eine Packung Kaffee aus der Kiste und füllt die Kaffeemühle* Da ist Kaffee! Eine ganze Büchse feinster, frisch gerösteter Bohnenkaffee – da, riech mal! Ich fülle ihn dir gleich ein ...
SEPPEL Und hier ist die Kurbel! Wenn du daran drehst ...
KASPERL Pst, Seppel! Nicht verplappern! *Zu Großmutter* Na, willst du nicht anfangen, Großmutter?
GROSSMUTTER *dreht an der Kurbel, es erklingen ein paar Töne von »Alles neu macht der Mai«* Ach, du liebes bißchen! Was ist das?
SEPPEL Das ist unsere Erfindung!
KASPERL Wenn du an der Kurbel drehst, spielt die Kaffeemühle ein Lied.
SEPPEL Dein Lieblingslied, Großmutter!
GROSSMUTTER *dreht weiter* Tatsächlich – mein Lieblingslied! Alles neu macht der Mai ... Wie schön! – Wißt ihr was, Kasperl und Seppel? Jetzt richte ich gleich die Kaffeetafel, und dann seid ihr meine Gäste. Bei Kaffee und Pflaumenkuchen.

Seppel Mit Schlagsahne?
Grossmutter Natürlich mit Schlagsahne! Da habt ihr Geld. Lauft in den Milchladen und holt einen halben Liter süßen Rahm.
Kasperl Wird gemacht, Großmutter! Einen halben Later rüßen Sahm.
Grossmutter Aber Kasperl! Du verdrehst wieder alles. Ich sagte: einen halben Liter süßen Rahm.
Kasperl Ja doch, Großmutter! Einen halben Ritter süßen Lahm. Wir sind gleich wieder da. Kommst du mit, Seppel?
Seppel Natürlich. Wiedersehen, Großmutter!
Grossmutter Wiedersehen, Kasperl und Seppel! – Schrecklich, wie der gute Junge immer alles durcheinanderbringt. Aber da kann man nichts machen, das ist nun mal seine Art.
Kasperl und Seppel *eilen davon.*
Grossmutter *Sie winkt ihnen nach, dann setzt sie sich auf die Gartenbank.* So eine schöne neue Kaffeemühle! Ich glaube, von jetzt an muß ich doppelt soviel Kaffee trinken wie früher. Nur damit ich einen Grund habe, an meiner schönen neuen Kaffeemühle zu kurbeln ... *Sie beginnt wieder an der Mühle zu drehen und summt entzückt mit. Unterdessen erscheint hinter den Gartenbüschen der Räuber Hotzenplotz und schleicht bis zur Hausecke.*
Hotzenplotz *tritt hinter dem Häuschen hervor und schreit Großmutter an* He – Sie da!
Grossmutter Ach Gottchen, jetzt bin ich aber erschrocken. Was fällt Ihnen denn ein, mich so anzuschreien? Wie kommen Sie da herein, und was wollen Sie überhaupt von mir?
Hotenplotz Was ich von Ihnen will? Die Kaffeemühle will ich! Her damit!
Grossmutter Also, hören Sie mal! Meine Kaffeemühle wollen Sie? Wer sind Sie denn eigentlich?
Hotzenplotz Sie lesen wohl keine Zeitung, Großmutter? Denken Sie mal scharf nach ...
Er zieht die Pistole.

GROSSMUTTER Sind Sie etwa – der Räuber Hotzenplotz?
HOTZENPLOTZ Der bin ich. Alle Leute haben entsetzliche Angst vor mir. Sogar der Herr Wachtmeister Dimpfelmoser, und der ist immerhin von der Polizei. Also machen Sie keine Geschichten, geben Sie mir sofort die Kaffeemühle.
GROSSMUTTER Aber die gehört Ihnen doch gar nicht! Die habe ich zum Geburtstag bekommen. Wenn man daran kurbelt, spielt sie mein Lieblingslied.
HOTZENPLOTZ Eben deshalb! Ich will auch so eine Kaffeemühle haben, die ein Lied spielt, wenn man dran kurbelt.
Plötzlich richtet er die Pistole auf Großmutter und brüllt sie an. Hände hoch!
GROSSMUTTER *läßt die Kaffeemühle fallen und hebt die Hände.*
HOTZENPLOTZ Sehen Sie, wie schön Sie gehorchen können? Umdrehen, Großmutter! Mit dem Gesicht zur Wand!
GROSSMUTTER *gehorcht.*
HOTZENPLOTZ Wagen Sie nicht, sich zu rühren! Sonst knallt es!
Er bückt sich, packt die Kaffeemühle und brummt beiseite Das ist besser gegangen, als ich gedacht hätte. Nun ab mit der Kaffeemühle in meine Räuberhöhle!
Er hat sich bis zu den Sträuchern zurückgezogen, von dort ruft er. He, Großmutter! Umdrehen! Wollen Sie mir nicht auf Wiedersehen sagen!
GROSSMUTTER *dreht sich um.*
HOTZENPLOTZ *winkt ihr zu* Auf Wiedersehen, Großmutter!
GROSSMUTTER *völlig aus der Fassung* Auf Wieder ... Auf Wieder ...
Sie stößt plötzlich einen schrillen Schrei aus.
Hiiilfe, ich bin beraubt worden! Hiiiiilfe! Hiiiiilfe!
Sie fällt in Ohnmacht und liegt auf der Gartenbank.
HOTZENPLOTZ Nun ist sie in Ohnmacht gefallen. Na, auch gut! Ich habe jedenfalls die Kaffeemühle, und das ist die Hauptsache!
Er verschwindet unter Hohngelächter hinter den Gartenbüschen.
KASPERL *eilt von rechts herbei und bleibt am Zaun stehen* Schnell, Seppel,

schnell! Ich habe ganz deutlich gehört, wie jemand um Hilfe gerufen hat!
SEPPEL *folgt Kasperl auf dem Fuß* Ich hab's auch gehört. Das war Großmutter!
KASPERL Da muß irgendwas passiert sein!
SEPPEL Vielleicht ein Unglück ...?
KASPERL Das wird sich gleich zeigen, Seppel!
Er will, von Seppel gefolgt, in den Garten laufen; aber da taucht Wachtmeister Dimpfelmoser hinter ihnen auf.
WACHTMEISTER Halt, stehngeblieben, ihr beiden! Wer hat da um Hilfe gerufen!
KASPERL Ach, der Herr Wachtmeister Dimpfelmoser! Kommen Sie nur gleich mit, Herr Wachtmeister!
WACHTMEISTER Wer da um Hilfe gerufen hat, will ich wissen!
SEPPEL Die Großmutter.
WACHTMEISTER Welche Großmutter?
KASPERL UND SEPPEL Unsere Großmutter, Herr Wachtmeister!
WACHTMEISTER Na, dann los! Dann wollen wir gleich mal nachsehen, was passiert ist.
Er betritt mit Kasperl und Seppel den Garten. Dort entdeckt er Großmutter auf der Gartenbank und bleibt erschrocken stehen.
WACHTMEISTER Ach, du grüne Sieben! Ich glaube, da liegt wer ...
KASPERL Das ist Großmutter!
SEPPEL Großmutter liegt auf der Gartenbank ...
KASPERL Und ist ohnmächtig! – Aber wenn mich nicht alles täuscht, wacht sie gerade auf ...
GROSSMUTTER *richtet sich langsam empor und sagt leise* Hilfe, ich bin beraubt worden. Meine Kaffeemühle, meine schöne neue Kaffeemühle. Hilfe! Hilfe!
KASPERL Was ist denn mit der Kaffeemühle, Großmutter?
GROSSMUTTER Er hat sie mir weggenommen, er hat sie geraubt ... – Der Räuber! Der Räuber Hotzenplotz!
WACHTMEISTER Was Sie nicht sagen, Großmutter! Haben Sie sich auch gewiß nicht getäuscht?

GROSSMUTTER Ach, der Herr Wachtmeister Dimpfelmoser! Gut, daß Sie da sind, Herr Wachtmeister! Nicht wahr, Sie helfen mir, daß ich meine schöne neue Kaffeemühle wiederbekomme?
WACHTMEISTER Natürlich, Großmutter! Selbstverständlich bekommen Sie die Kaffeemühle wieder zurück. Aber wir müssen den Räuber Hotzenplotz erst mal fangen – und das ist schwierig! Vorläufig kennen wir leider noch nicht einmal seinen Unterschlupf. Der Kerl ist ja so gerissen! Seit zweieinhalb Jahren führt er die Polizei an der Nase herum!
KASPERL Wissen Sie was, Herr Wachtmeister? Den Räuber Hotzenplotz fangen wir beide – der Seppel und ich! Machst du mit, Seppel?
SEPPEL Klar, Kasperl! Großmutter muß ihre Kaffeemühle zurückbekommen, wir fangen den Räuber Hotzenplotz.
WACHTMEISTER Wißt ihr denn überhaupt, wo er seine Höhle hat?
KASPERL Das werden wir bald herauskriegen! – Faß mal die Kiste an, Seppel, ich hab einen Plan ... Wiedersehen, Herr Wachtmeister!
SEPPEL Wiedersehen!
Er lädt mit Kasperl die Kiste auf den Handwagen; dann fahren sie nach links und stellen den Wagen neben dem Sandhaufen ab.
WACHTMEISTER Wiedersehen! *Indem er den beiden kopfschüttelnd nachblickt, zu Großmutter* Na, Großmutter, wenn das bloß gutgeht mit den beiden! Einen richtigen Räuber fangen, das ist keine Kleinigkeit. Das lassen Sie sich mal von einem alten, erfahrenen Polizeibeamten gesagt sein!
Er verabschiedet sich von der Großmutter. Beide ab.
KASPERL *schaufelt Sand vom Sandhaufen in die Kiste* So, mein Lieber – zuerst müssen wir mal die Kiste mit dem feinen weißen Sand von unserem Sandhaufen füllen ... Uff, da hat aber eine ganze Menge drin Platz ...
SEPPEL Ich möchte bloß wissen, was du mit dem Sand willst ...
KASPERL Das wirst du gleich merken. Hilf mir, den Deckel drauflegen!
SEPPEL *hilft Kasperl, den Deckel auf die Kiste legen* Und was jetzt?

KASPERL *drückt ihm einen Hammer in die Hand* Jetzt nagelst du den Deckel fest, Seppel. Aber so fest du kannst.
SEPPEL Und du, Kasperl?
KASPERL Ich sause ins Haus, um Farbe und Pinsel zu holen. Bis gleich, Seppel!
Er läuft ins Haus.
SEPPEL Bis gleich, Kasperl! – Ich möchte bloß wissen, was das alles bedeuten soll... Na schön, also erst mal den Deckel auf die Kiste nageln... Hier einen Nagel – und dort einen Nagel – und dort einen Nagel...
Im Eifer der Arbeit klopft er sich auf die Finger. Autsch! Das war jetzt mein Daumennagel! Oje, oje, oje, tut das aber weh! Ich glaube, von jetzt an muß ich ein bißchen vorsichtiger nageln...
Er nagelt die Kiste zu, unterdessen kommt Kasperl mit Pinsel und Farbtopf zurück.
KASPERL Fertig, Seppel?
SEPPEL Ja, Kasperl, fertig. – Und jetzt?
KASPERL Jetzt laß mich mal ran! Jetzt pinsle ich hier an die Kistenwand eine Aufschrift – eine Aufschrift mit roter Farbe. – So, fertig, nun können wir die Kiste umdrehen...
Mit Seppels Hilfe dreht er die Kiste um, man erkennt nun auf ihrer dem Publikum zugewandten Seite die Aufschrift »Vorsicht Gold!«.
SEPPEL »Vorsicht Gold!« – Nun verstehe ich überhaupt nichts mehr. Möchtest du mir nicht endlich erklären...
KASPERL Gleich, Seppel, gleich! – Ich muß rasch noch mit diesem Bohrer ein Loch in die Kiste bohren...
Er holt einen Bohrer aus der Hosentasche und bohrt die Kiste an.
So, das ist auch geschafft... Und nun stecke ich in das Loch ein Streichholz.
SEPPEL Ein Streichholz... Und jetzt?
KASPERL Jetzt fahren wir mit der Kiste hinaus in den Räuberwald. Dort liegt Hotzenplotz auf der Lauer. Wenn er uns kommen sieht, liest er die Aufschrift auf unserer Kiste...

SEPPEL ... und denkt, es ist Gold drin!
KASPERL Dann will er die Kiste natürlich haben, der Hotzenplotz.
SEPPEL Wir lassen uns überfallen und laufen davon.
KASPERL Hotzenplotz schnappt sich die Kiste und schleppt sie nach Hause ...
SEPPEL In seine Räuberhöhle!
KASPERL Und unterwegs – da läuft durch das Loch in der Kiste der Sand aus. Das gibt auf dem Waldboden eine feine Spur, eine Sandspur. Wenn wir nun wissen wollen, wo Hotzenplotz seine Höhle hat ...
SEPPEL ... dann brauchen wir dieser Spur bloß zu folgen, sie führt uns hin.
KASPERL Wie gefällt dir das?
SEPPEL Das ist großartig, Kasperl, das machen wir! Aber vergiß nicht, das Streichholz herauszuziehen, bevor wir davonlaufen!
KASPERL Keine Sorge, Seppel! Du kannst dich auf mich verlassen, ich mach mir zur Sicherheit einen großen Knoten ins Taschentuch!

Zweites Bild

Im Räuberwald. Vorn rechts das Versteck des Räubers Hotzenplotz hinter einem von Gestrüpp umgebenen Felsen. Hinten links, schräg ins Bild und vielleicht auch ein wenig bergab führend, eine Straße.

HOTZENPLOTZ *hockt in seinem Versteck und kurbelt an Großmutters Kaffeemühle* Klingt das nicht hübsch? Ich muß sagen, das klingt ganz ungeheuer hübsch! Mit dieser Kaffeemühle, da hab ich einen feinen Fang gemacht. Man kann langsam dran kurbeln, dann spielt sie langsam. Und man kann schnell dran kurbeln, dann spielt sie schnell ... Am liebsten würde ich gar nicht mehr aufhören, dran zu drehen – aber was hilft es. Die Pflicht ruft. Als ordentlicher Räuber darf man seine Arbeitszeit nicht mit Musikmachen verplempern. Erst die Arbeit, dann das Spiel. Ich muß doch mal nachsehen, ob ich nicht jemanden erspähe, den ich berauben kann ...
Er zückt ein Fernrohr und blickt hindurch.
Hmm, da ist nichts ... und dort auch nichts ... Aber dort hinten, dort auf der Landstraße durch den Wald. Ich glaube, dort kommt wer ... Dort kommen zwei Leute mit einem Handwagen. – Ach, sieh mal an! Der eine trägt eine rote Zipfelmütze, der andere einen grünen Seppelhut. Das können nur Kasperl und Seppel sein ...
KASPERL UND SEPPEL *bringen die »Goldkiste« auf dem knarrenden Handwagen von links hereingefahren und bleiben stehen.*
KASPERL Puh, ist das eine Schinderei mit dem vielen Gold! *Leise* Paß auf, Seppel, jetzt wird's ernst!
SEPPEL *leise* Meinst du, daß er bald kommt?
KASPERL *leise* Ja, er kann jeden Augenblick auftauchen. *Laut* Weißt du was, Seppel? Ich glaube, wir rasten hier.
Sie lehnen sich an die Kiste und verschnaufen.

SEPPEL *leise* Aber vergiß nicht, das Streichholz herauszuziehen, Kasperl.
KASPERL *leise* Keine Bange, Seppel, das klappt schon!
HOTZENPLOTZ *hat sie unterdessen unentwegt durch das Fernrohr beobachtet* Was mögen die bloß in der Kiste drin haben? Moment mal – was steht da geschrieben? – »Vorsicht Gold!«? Donnerwetter, eine ganze Kiste voll Gold! Das nenne ich Räuberglück! Weg mit dem Fernrohr – und die Pistole her!
Er zieht die Pistole, springt aus dem Versteck hervor, schießt ein paarmal in die Luft und schreit.
Hände hoch – oder ich schieße euch über den Haufen!
KASPERL Hilfe, ein Räuber! *Leise* Los, abhauen, Seppel!
SEPPEL Hilfe, ein Räuber! *Leise* Das Streichholz, Kasperl!
KASPERL Hilfe, ein Räuber! *Leise* Schon erledigt, Seppel.
Er rennt mit Kasperl davon und verschwindet mit ihm im Gebüsch.
HOTZENPLOTZ *blickt ihnen nach, lacht schallend und schießt noch ein paarmal* Lauft nur, lauft nur, ihr beiden Helden! Hauptsache, daß mir die Kiste nicht wegläuft! Die Goldkiste!
Er beschnüffelt die Kiste von allen Seiten.
Hm, die ist zugenagelt ... Natürlich! Es ist ja Gold drin! Ob ich sie wohl mal aufknacke und hineinschaue? Lieber nicht. Ich muß machen, daß ich hier wegkomme! Sicher sind Kasperl und Seppel zur Polizei gerannt. – Sapperlot, ist die Kiste schwer! Am besten, ich nehme sie auf den Rücken. Den Handwagen kann ich im Wald nicht brauchen – weg damit!
Er stößt den Handwagen von der Straße und schickt sich an, die Kiste zu schultern. Plötzlich besinnt er sich.
Ach, zum Satan! Jetzt hätte ich fast die Kaffeemühle liegenlassen! Nein, die muß mit! Wozu habe ich einen Strick dabei?
Er holt die Kaffeemühle, bindet sie mit der Goldkiste zusammen an einen Strick und hängt sich beide Beutestücke über die Schulter.
So – und jetzt schleunigst nach Hause in meine Räuberhöhle!
Nach rechts ab

Kasperl und Seppel *haben zwischendurch immer wieder hinter den Büschen vorgelugt und Hotzenplotz beobachtet.*
Kasperl *kommt hervor* Er ist weg, Seppel, du kannst rauskommen.
Seppel *kommt ebenfalls zum Vorschein* Eigentlich kann er einem ja leid tun, der gute Mann.
Kasperl Wieso?
Seppel Weil er die schwere Kiste ganz allein schleppen muß. Hoffentlich holt er sich keine Plattfüße.
Kasperl Von mir aus kann er sich krumm und dumm schleppen an dem Ding! Vergiß nicht, daß er ein Räuber ist und Großmutters Kaffeemühle geraubt hat! – Sieh mal – unser Handwagen!
Seppel Hotzenplotz hat ihn einfach in den Straßengraben gekippt!
Kasperl Und hier, auf dem Waldboden – hier beginnt die Sandspur! Da, siehst du? Sie führt mitten ins dickste Dickicht!
Sie folgen der Spur nach rechts.
Seppel *hält Kasperl, der eilends weiterstrebt, am Rockzipfel fest* Halt, Kasperl, nicht so schnell! Wir müssen uns erst verkleiden! Der Räuber Hotzenplotz darf uns auf keinen Fall wiedererkennen!
Kasperl Du, das ist richtig! Aber wie machen wir das?
Seppel Furchtbar einfach! Du setzt meinen Hut auf und ich deine Zipfelmütze.
Kasperl Ja, schnell, laß uns tauschen!
Sie tauschen ihre Kopfbedeckungen.
Ich glaube, dein Seppelhut ist mir viel zu groß.
Seppel Um so besser! Mit dem siehst du wie eine Vogelscheuche auf Urlaub aus. – Und ich mit der Zipfelmütze?
Kasperl Zum Schieflachen! Großmutter fiele gleich wieder in Ohnmacht, wenn sie dich sehen könnte.
Seppel Dann bin ich beruhigt. Nun wird uns der Räuber Hotzenplotz ganz gewiß nicht erkennen. Komm, gehen wir!
Beide gehen nach rechts ab, der Vorhang fällt.

Drittes Bild

Im Räuberwald. Vorn links die Räuberhöhle, in die man vom Zuschauerraum Einblick hat: ganz links in der Höhle zwei Fässer mit der Aufschrift »Schießpulver« und »Pfeffer«; zwei starke Stützbalken tragen die Decke der Höhle und bieten dem Räuber Hotzenplotz später Gelegenheit, Kasperl und Seppel daran anzuketten; rechts eine Tür ins Freie; vor der Höhle dichter, unheimlicher Wald. Unweit des Höhleneingangs der Stamm einer knorrigen alten Eiche, den Hotzenplotz später als Deckung benutzt.

HOTZENPLOTZ *Er kommt keuchend und schnaufend durch den Wald, schleppt die »Goldkiste« zum Höhleneingang, öffnet die Tür und betritt die Höhle. Er legt die Beute ab und wischt sich den Schweiß von der Stirn.*
So, da wären wir endlich in meiner Höhle! Ich muß sagen, diese verdammte Kiste hat ein ganz schönes Gewicht. Tja, was tut man nicht alles fürs liebe Gold? – Jetzt die Tür zu, den Riegel vor – und dann her mit dem Räubersäbel und die Goldkiste aufgeknackt!
Er öffnet die Kiste mit Hilfe eines Säbels, den er unter den Deckel schiebt.
Was ein gelernter Räuber ist, der versteht sich aufs Goldkistenknacken wie andere Leute aufs Öffnen von Heringsbüchsen. – Was für Schätze mögen wohl in der Kiste drin sein? Na, wir werden es ja gleich sehen ...
Er beugt sich über die Kiste und schaut hinein, fährt aber sofort wieder empört zurück.
Was? Wie? Da ist gar kein Gold drin? Das ist ja Sand! Ganz gewöhnlicher, schäbiger weißer Sand! Man hat mich betrogen! Man hat mich zum Narren gehalten! Mich! Den gefürchtetsten aller Räuber im ganzen Landkreis, den Räuber Hotzenplotz! Ha! Ich rase, ich zürne, ich tobe! Ich schlage die blöde Kiste kurz und klein.
Er tut es.

So was muß mir passieren! Mir, mir, mir! – So, die verdammte Kiste ist hin, aus der hab ich Kleinholz gemacht. Und jetzt brauche ich Luft, frische Luft, um mich abzukühlen ...
Er entriegelt die Tür, stürmt ins Freie hinaus, holt tief Atem.
Ah, das tut wohl auf den Ärger! Es geht doch wirklich nichts über so ein bißchen frische, würzige Waldluft! – – Holla, was ist denn das? Führt da nicht eine feine Sandspur am Boden hin? Sie kommt aus dem Dickicht und führt auf den Eingang der Höhle zu – auf den Eingang meiner Höhle! Nun begreife ich erst, was das alles soll. Der Kasperl und dieser Seppel, die wollten mich ausspionieren. Beim Satan! Das soll ihnen schlecht bekommen.
Er eilt in die Räuberhöhle zurück, zieht seine Pistole und macht sich an der Pfeffertonne zu schaffen.
Wozu hab ich eine Pistole? Und wozu gibt's gestoßenen Pfeffer! Statt einer Kugel stopfe ich Pfeffer in den Pistolenlauf – so – das ist eine erprobte Sache ... Und jetzt – jetzt verstecke ich mich hier hinter dem Stamm dieser knorrigen alten Eiche und warte, bis die Halunken auftauchen. Dann sollen sie mal erleben, was eine gepfefferte Rache ist!
Er versteckt sich hinter dem Baumstamm und hält die Pistole schußbereit.

KASPERL *taucht von rechts auf und ruft zurück* Seppel! Wo bleibst du denn?

SEPPEL *ebenfalls von rechts kommend* Bin schon da, Kasperl. – Hast du sie?

KASPERL Wen?

SEPPEL Die Spur.

KASPERL Selbstverständlich! Da führt sie am Boden hin ...

SEPPEL *sich umblickend* Ein richtiger Räuberwald! Ein Glück, daß wir gut verkleidet sind!

HOTZENPLOTZ *leise, indem er hinter dem Baumstamm hervorlugt* Sie kommen! Jetzt heißt es gut zielen, alter Knabe!

KASPERL Du, Seppel – da war doch was! Hat da nicht jemand gesprochen?

HOTZENPLOTZ *laut* Jawohl, da hat jemand gesprochen! Und derselbe Jemand wird auch gleich schießen – und zwar aus der Pfefferpistole!
Er feuert seine Pistole auf Kasperl und Seppel ab
KASPERL UND SEPPEL *beginnen sofort fürchterlich zu husten und zu niesen, schlagen mit Armen und Beinen um sich und japsen nach Luft.*
HOTZENPLOTZ Trefflich, trefflich! Der Pfeffer tut seine Wirkung! Die beiden sind wehrlos, jetzt habe ich leichtes Spiel mit ihnen. Ich werde sie in die Höhle schleppen und an die Kette legen!
Er nimmt Kasperl und Seppel, die beide gewaltig niesen und husten müssen und sich deshalb nicht richtig wehren können, beim Kragen und schleppt sie in die Räuberhöhle.
Los, los – immer schön geradeaus, meine Herrschaften! Jetzt linksrum und jetzt nach rechts. Euch werd ich das abgewöhnen, das mit den Goldkisten voller Dreck und den Sandspuren durch den Wald! Darauf könnt ihr Gift nehmen!
In der Höhle angekommen, klemmt sich Hotzenplotz den Kasperl zwischen die Beine, während er Seppel an einen der beiden Pfosten kettet.
So, Kasperl – das hast du dir wohl nicht träumen lassen, wie?
SEPPEL Ich bin nicht der Kasperl, ich bin der Seppel!
HOTZENPLOTZ Natürlich, natürlich! Und ich bin der Kaiser von Konstantinopel, falls dir das neu sein sollte.
SEPPEL Ich bin aber wirklich der Seppel!
HOTZENPLOTZ Ach, schwindle mich doch nicht an! Man erkennt ja an deiner Zipfelmütze, daß du der Kasperl bist. Und außerdem habe ich deinen Freund Seppel auch gefangen. Da staunst du wohl, wie?
Nun kettet er Kasperl an den anderen Pfosten.
Ich kette ihn hier gegenüber an. Nun wird es sich wohl herausstellen, wer von euch beiden der Kasperl und wer der Seppel ist! Ich geh nur rasch die Tür verriegeln, sonst zieht es mir hier zu sehr, und ich krieg den Schnupfen.
Er entfernt sich zur Tür und macht sich dort eine Weile zu schaffen.

Seppel *flüstert* Du – der verwechselt uns! Der hält dich für den Seppel und mich für den Kasperl!

Kasperl *ebenso* Lassen wir ihn dabei! Vielleicht nützt es uns.

Hotzenplotz *kommt zurück und versetzt Seppel einen Rippenstoß* Willst du nun endlich zugeben, daß du der Kasperl bist? Warum gibst du mir keine Antwort, Kerl?

Kasperl Was soll er Ihnen denn antworten? Sie wissen es ja viel besser, Herr Plotzenhotz!

Hotzenplotz Plotzenhotz? Hotzenplotz heiße ich!

Kasperl Oh, Verzeihung, Herr Lotzenpotz.

Hotzenplotz Dummkopf!

Kasperl Wieso?

Hotzenplotz Weil ich Hotzenplotz heiße, zum Donnerwetter! Kannst du dir nicht mal die einfachsten Namen merken?

Kasperl Aber natürlich, Herr Potzenlotz!

Hotzenplotz Potzenlotz? Plotzenhotz? – Mir scheint, du bist wirklich so dumm, wie du aussiehst mit deinem Seppelhut. Na, mir soll's recht sein. – Ihr wolltet mich ausspionieren und seid nun in meiner Hand. Das ist gut so. Ich könnte euch, wenn ich wollte, den Bauch aufschlitzen oder den Kragen umdrehen – aber es paßt mir nicht. Und warum nicht? Weil ich mir etwas Besseres ausgedacht hab für euch! Dich, Kasperl, behalte ich an der Kette; du bleibst in der Räuberhöhle und wirst für mich arbeiten, bis du schwarz wirst! – Und dich, Seppel, dich verkaufe ich.

Kasperl An wen denn, um Himmels willen?

Hotzenplotz An wen? An den großen und bösen Zauberer Petrosilius Zwackelmann, meinen alten Freund.

Viertes Bild

Im Zauberschloß. Rechts die Schloßküche mit Fenster nach draußen. Vorn links Eingangshalle mit allerlei Zaubergeräten und magischen Emblemen an den Wänden; in einer Ecke der »Zauberspiegel«, der groß genug sein muß, um die Szene Hotzenplotz-Seppel mit Schleifstein zeigen zu können. Im Hintergrund die drei Türen zum Unkenpfuhl, der sich ganz hinten in der Tiefe der Bühne befindet. – Durch entsprechende Ausleuchtung wird der jeweils benötigte Teil des Bühnenraumes herausgehoben. Türen und Unkenpfuhl liegen vorerst im tiefsten Dunkel; sie können auch von einem Zwischenvorhang verdeckt sein, der sich erst dann hebt (oder erst dann transparent wird), wenn Kasperl seinen Weg in den Unkenpfuhl antritt. Das Bühnenbild muß so eingerichtet sein, daß es erlaubt
a) den Räuber und Seppel herbeizuzaubern,
b) das ganze Zauberschloß verschwinden und sich in eine liebliche Wald- oder Gartenlandschaft verwandeln zu lassen.

ZAUBERER *hockt am Küchentisch und schält Kartoffeln* Da hocke ich nun in der Küche meines Zauberschlosses und schäle Kartoffeln. – Ich, der große und böse Zauberer Petrosilius Zwackelmann, der ich mit Leichtigkeit einen Menschen in jedes beliebige Tier verwandeln und aus Dreck Gold machen kann. Aber Kartoffeln die Schalen herunterzuzaubern, das ist mir leider trotz vieler Mühe noch nicht gelungen. Wenn ich wenigstens einen Dienstboten hätte, der mir das Kartoffelschälen abnehmen könnte. Aber nein, ich habe auch keinen Dienstboten. Und warum nicht? Weil ich noch keinen gefunden habe, der dumm genug war. Nur einen Dummkopf könnte ich in meinem Schloß aufnehmen, ohne daß er mir auf die Schliche kommt. In diesem Punkt kann man als Zauberer gar nicht genug aufpassen.
Die Hausglocke schellt.
Holla, die Hausglocke. Bekomme ich etwa Besuch?

Die Hausglocke schellt zum zweitenmal.
Ja doch, ja doch, ich komme! Was mag das bloß für ein ungeduldiger Mensch sein ...
Die Hausglocke schellt zum drittenmal. Der Zauberer eilt in die Eingangshalle.
Immer mit der Ruhe, ich bin ja schon da!
Er öffnet die Tür, es erscheint Hotzenplotz mit einem Schubkarren, auf dem Schubkarren liegt ein Sack, in dem Sack steckt Kasperl mit Seppels Hut.
Ach, du bist es, alter Freund Hotzenplotz! Lebst du auch noch? Willkommen bei mir, willkommen! Was führt dich zu mir?

HOTZENPLOTZ Ich möchte dir ein Geschäft vorschlagen.

ZAUBERER Ein Geschäft? Na, da bin ich gespannt. – Magst du nicht weiterkommen? Wie ich dich kenne, genehmigen wir uns zuerst eine Prise Schnupftabak ...

HOTZENPLOTZ Eine gute Idee, mein Lieber! Dazu sage ich selbstverständlich nicht nein. – Hast du noch die gleiche Sorte wie früher? Wie hieß sie gleich?

ZAUBERER Nasentrost, Marke Nasentrost.

HOTZENPLOTZ Ach richtig, natürlich! Dann also her mit dem Nasentrost – aber nicht zu knapp, wenn ich bitten darf!

ZAUBERER *holt seine Schnupftabaksdose hervor, läßt den Deckel aufschnappen und bietet Hotzenplotz eine Prise an* Bediene dich – aber bitte so, daß es dich nicht zerreißt!
Nun bedienen sich beide aus der Schnupftabaksdose und brechen in ein fürchterliches Nieskonzert aus, besonders Hotzenplotz kann sich nur schwer wieder beruhigen. Schließlich nimmt der Zauberer das vorhin unterbrochene Gespräch wieder auf.

ZAUBERER So, und nun wieder zurück zum geschäftlichen Teil! Was hast du mir denn anzubieten?

HOTZENPLOTZ Etwas, wonach du seit langem vergeblich suchst.

ZAUBERER Du machst mich neugierig, alter Knabe! Ist es vielleicht ...

HOTZENPLOTZ Ein Dienstbote!

ZAUBERER Was du nicht sagst! Ein Dienstbote? Ist er aber auch dumm genug?
HOTZENPLOTZ Dümmer geht es auf keinen Fall.
ZAUBERER Und wo hast du ihn?
HOTZENPLOTZ Hier im Sack steckt er.
Er öffnet den Sack, zum Vorschein kommt Kasperl mit Seppels Hut auf dem Kopf.
Bitte sehr!
ZAUBERER Ist er so dumm, wie er aussieht?
HOTZENPLOTZ Mindestens.
ZAUBERER Das ist gut. Das ist sehr gut! Wie heißt er denn?
HOTZENPLOTZ Seppel.
ZAUBERER Also, Seppel, ich nehme dich. Kannst du Kartoffeln schälen?
KASPERL *steigt aus dem Sack heraus* Natürlich, Herr Schnackelmann.
ZAUBERER Du verdrehst meinen Namen, Kerl? Ich bin auch nicht einfach ein x-beliebiger Herr, ich verlange von dir die Anrede »großer und böser Zauberer Petrosilius Zwackelmann«! Merke dir das gefälligst.
KASPERL Sehr wohl, großer und blöder Zauberer Zeprodilius Wakkelzahn.
ZAUBERER Beim Satan und seiner Großmutter! Glaubst du, ich dulde es, daß man sich über mich lustig macht? Soll ich dich auf der Stelle in einen Affen verzaubern oder in einen Regenwurm?
HOTZENPLOTZ Halt ein, großer Zauberer Petrosilius Zwackelmann! Seppel verdreht deinen Namen nicht absichtlich. Er merkt sich ihn nicht, er ist einfach zu dumm dazu.
ZAUBERER Zu dumm? – Das ist trefflich! Der Bursche ist wie geschaffen für meinen Haushalt. Ich nehme ihn!
HOTZENPLOTZ Und was bietest du mir für ihn?
ZAUBERER Sagen wir – einen halben Sack Schnupftabak.
HOTZENPLOTZ Zu wenig für einen ganzen Dienstboten!
ZAUBERER Schön, du bekommst einen ganzen Sack. Topp?

HOTZENPLOTZ Topp, alter Junge!
ZAUBERER *zaubert einen prallen Sack mit der Aufschrift »Schnupftabak« herbei oder holt ihn aus einer Truhe und übergibt ihn dem Räuber Hotzenplotz* Hier ist der Schnupftabak!
HOTZENPLOTZ Und hier ist der Seppel! Glaub mir, du hast einen guten Tausch gemacht!
Er packt den Sack mit dem Schnupftabak auf den Schubkarren.
ZAUBERER Willst du schon wieder weiter?
HOTZENPLOTZ Ja, ich muß heim in die Räuberhöhle. Dort halte ich Seppels Freund Kasperl gefangen, der für mich arbeiten soll, bis er schwarz wird. Lebwohl, alter Freund! Mach's gut bis zum nächstenmal!
Durch die Tür ab
ZAUBERER *begleitet ihn bis zur Tür* Mach's selber gut, Hotzenplotz! Und noch einmal schönen Dank für den großen Gefallen, den du mir heut erwiesen hast! Schönen Dank!
Er wendet sich Kasperl zu.
So – und nun marsch in die Schloßküche, Seppel! Dort wartet ein Haufen Arbeit auf dich.
Er schiebt Kasperl vor sich her in die Schloßküche, führt ihn zum Küchentisch und deutet auf die Kartoffeln.
Merke dir, was du tun sollst! Erstens sechs Eimer Kartoffeln schälen und kleinschnippeln für das Abendbrot; zweitens drei Klafter Holz sägen, spalten und aufstapeln; drittens den Fußboden in der Küche schrubben; viertens im Kräutergarten die leeren Beete umstechen. – Wiederhole es!
KASPERL Wie du befiehlst, großer Zauberer Spektrofilius Zackelschwan. Ich soll erstens sechs Eimer Kartoffeln sägen, spalten und aufstapeln, zweitens drei Klafter Holz schrubben, drittens den Fußboden in der Küche schälen und kleinschnippeln für das Abendbrot ...
ZAUBERER Aufhören mit dem Quatsch, auf der Stelle aufhören!
KASPERL Wieso aufhören?

ZAUBERER Weil du alles verwechselst und durcheinanderbringst! Noch mal von vorn das Ganze!
KASPERL Sehr gern, große Zauberer Reprozilius Fackelspan! Ich soll erstens sechs Eimer Kartoffeln umstechen, zweitens den Fußboden in der Küche zersägen, spalten und aufstapeln, drittens im Kräutergarten die leeren Beete schrubben, und viertens ... Was war doch das vierte gleich?
ZAUBERER Blödsinn! Verdammter Blödsinn!
KASPERL Blödsinn? Wieso?
ZAUBERER Weil du dumm bist! Strohdumm bist du! – Aber ich darf nicht klagen, ich hab mir ja immer schon einen besonders dummen Dienstboten gewünscht ... Kurz und gut: Es genügt mir, wenn du bis heute abend sechs Eimer Kartoffeln schälst – schälst und kleinschnippelst, wohlgemerkt. Wenn ich am Abend zurückkomme, wünsche ich Bratkartoffeln zu speisen, verstanden?
KASPERL *horcht auf* Sie lassen mich hier allein, große Zauberer Zeloprilius Paddelkahn?
ZAUBERER Ja, ich lasse dich hier allein, denn ich reise zu einem Kollegen nach Buxtehude und werde erst gegen Abend wieder nach Hause kommen. – Du hast aber keinen Grund, dich darüber zu freuen, Seppel, denn ausreißen kannst du trotzdem nicht. Dafür habe ich vorgesorgt.
KASPERL *beiseite* Ich glaube, der große Zauberer kann Gedanken lesen!
ZAUBERER Du mußt nämlich wissen, daß ich rings um mein Zauberschloß einen Bannkreis gezogen habe. Wenn du es wagen solltest, das Schloß in meiner Abwesenheit zu verlassen, wirst du ein klägliches Ende nehmen. Sobald du den Bannkreis überschreitest, wird dich der Blitz treffen. Ungefähr so ...
Er macht eine Handbewegung, ein Blitz zuckt hernieder, gefolgt von einem entsetzlichen Donnerschlag.
KASPERL *duckt sich und schlägt die Hände vors Gesicht* Aufhören, aufhören! Ich bin doch kein Blitzableiter!

Zauberer *nun wieder ganz freundlich* War nur ein Spaß. Kleine Kostprobe dessen, was dich erwartet, wenn du das Schloß verlassen willst. Ich denke, du weißt Bescheid. Darum kann ich beruhigt nach Buxtehude reisen. Auf Wiedersehen bis heute abend!
Er geht nach rechts ab.

Kasperl *blickt ihm seufzend nach* Da sitze ich also fest in diesem vertrackten Zauberschloß! Und ich hatte schon gehofft, bei der ersten Gelegenheit ausreißen zu können ... Aber wenn das so ist, daß einen gleich der Blitz trifft – da will ich doch lieber vorsichtig sein und erst mal tun, was der große und böse Zauberer mir aufgetragen hat. – Sechs Eimer Kartoffeln, das ist eine ganze Menge, die will geschält sein ...
Er hockt sich an den Küchentisch und beginnt mit der Arbeit. Darüber fällt der Vorhang.

Fünftes Bild

Im Zauberschloß, wie 4. Bild. Es ist Abend geworden, in der Schloßküche brennt eine Lampe.

KASPERL *hockt gähnend am Küchentisch, neben ihm ein Berg geschälter Kartoffeln* Sechs Eimer Kartoffeln! Wie kann ein Mensch bloß sechs Eimer Bratkartoffeln an einem einzigen Abend verspeisen! Dieser Zwackelmann scheint ja einen Magen zu haben wie ein ausgewachsener Elefant! – Übrigens Magen! Langsam kriege ich einen Bärenhunger. Ob es in diesem verflixten Schloß nichts Eßbares für mich gibt?
Er beginnt zu suchen und stößt dabei auf den Zauberspiegel, der mit einem Vorhang verhangen ist und aussieht wie ein gewöhnliches Regal.
Ich glaube, da ist so was wie ein Regal ... Vielleicht stehen da ein paar Gläser Marmelade ... oder ein paar Töpfe mit Schmalz ... oder ich finde wenigstens ein paar saure Gurken ...
Er zieht den Vorhang beiseite und ist enttäuscht.

KASPERL Bloß ein Spiegel. Na, das hat mir ja gerade noch gefehlt, daß ich mir mein dummes Gesicht jetzt auch noch im Spiegel anschauen kann ... Aber halt, da steht doch was auf dem Schild hier unten ... Was steht da? – »Zau-ber-spie-gel. Wünsche dir, wen du sehen möchtest – ich zeige ihn dir!« Ja, sauber! »Wünsche dir, wen du sehen möchtest ...« Wenn ich mir nun zum Beispiel wünsche, daß mir der Spiegel meinen Freund Seppel zeigt – in der Räuberhöhle, beim Räuber Hotzenplotz ...
Zaubermusik ertönt. Die Spiegelfläche erhellt sich. Im Spiegelrahmen erscheinen der Räuber Hotzenplotz und Seppel, der Kasperls Mütze auf dem Kopf trägt. Zwischen den beiden ein mächtiger Schleifstein, der von Seppel mittels einer Kurbel gedreht wird.

HOTZENPLOTZ *schleift seinen Säbel auf dem Schleifstein und herrscht Seppel an* He, mach schon, du Bummelkasper! Ein Schleifstein ist keine Drehorgel! Schneller, schneller!

SEPPEL *keuchend* Jawohl, Herr Hotzenplotz. Wie Sie wünschen.
HOTZENPLOTZ *äfft ihn nach* Wie Sie wünschen, wie Sie wünschen! Schneller, zum Donnerwetter. Der Säbel muß scharf werden wie ein Rasiermesser!
SEPPEL Wie Sie wünschen, Herr Hotzenplotz! Wie Sie... *Er hat aufgehört zu kurbeln.*
HOTZENPLOTZ Was ist mit dir los? Warum drehst du nicht weiter? Ich soll dir wohl Beine machen, Kerl!
SEPPEL Augenblick, bitte... Es ist nur... Es ist wegen der Mütze. Sie hat sich in der Kurbel verheddert...
HOTZENPLOTZ Schon wieder? Wie oft soll uns das noch passieren, zum Kuckuck! Her mit der blöden Mütze!
Er reißt Seppel die Zipfelmütze vom Kopf.
Ich will dafür sorgen, daß sie sich nie mehr im Schleifstein verheddert – so wahr ich der Räuber Hotzenplotz bin und stets eine Schachtel Streichhölzer in der Tasche trage!
SEPPEL *ängstlich* Um Himmels willen, Sie wollen die Mütze verbrennen? Nicht doch, Herr Hotzenplotz, bitte, nicht doch!
HOTZENPLOTZ *spießt die Mütze auf den Säbel, hält ein brennendes Streichholz daran und verbrennt sie* Siehst du, Kasperl, sie brennt schon! Ist das nicht lustig? Ich finde, es ist zum Totlachen! Zum Totlachen ist das!
Er bricht in ein schallendes Hohngelächter aus, während Seppel jammernd und weinend die Hände ringt.
SEPPEL O weh, o weh, was haben Sie da getan! Kasperls Zipfelmütze ist futsch, owehoweh!
HOTZENPLOTZ Maul halten, weiterkurbeln! Wir wollen hier endlich fertig werden, es gibt heut noch viel zu tun für dich: Holz hacken, Wasser holen, Geschirr waschen, Stiefel putzen und noch ein paar andere Dinge! Du bist schließlich nicht zum Vergnügen hier, sondern zum Arbeiten!
Er schickt sich an, den Säbel weiterzuschleifen; darüber verdunkelt sich die Spiegelfläche, und die beiden verschwinden.

KASPERL *der dem Schauspiel im Spiegel entsetzt und empört gefolgt ist*
Also, das ist ja wirklich die Höhe! Nicht genug, daß dieser elende Kerl von einem Räuber meinen armen Freund Seppel schindet und plagt – jetzt muß er aus purer Bosheit auch noch meine schöne Mütze verbrennen! Na warte, du Halunke, das sollst du mir büßen! Laß mich erst mal wieder hier rauskommen!
UNKE *aus der Ferne, schauerlich dumpf* Uh-chuchuchuuuh!
KASPERL Was war das? Da schluchzt doch jemand ... – Bin ich denn nicht allein in dem Zauberschloß?
UNKE *wie oben* Uh-chuchu-chuuuh!
KASPERL Wenn mich nicht alles täuscht, kommt das Schluchzen aus dieser Richtung ...
UNKE *wie oben* Uh-chuchu-chuuuh!
KASPERL Ich glaube, hier geht's in den Schloßkeller. Ich werde mir eine Laterne mitnehmen ... Ich komm gleich, haben Sie bitte ein bißchen Geduld!
Er nimmt die brennende Lampe vom Haken und begibt sich nach hinten zu den drei Türen, deren jede mit einer großen Warnungstafel versehen ist.
KASPERL Hier ist's ganz hübsch finster ... Und ganz hübsch feucht ... Ob das der richtige Weg ist?
UNKE *wie oben* Uh-chuchu-chuuuh!
KASPERL Der Weg scheint zu stimmen – aber hier stoße ich plötzlich auf eine Tür ...
Er bleibt vor der ersten Tür stehen und liest »Eintritt verboten!«.
UNKE *wie oben* Uh-chuchu-chuuuh!
KASPERL Ach was, ich versuche es ...
Er öffnet die Tür, geht hindurch und stößt auf die zweite Tür.
Nanu, da ist ja schon wieder eine Tür. Auch sie trägt ein Schild. »Eintritt strengstens verboten!« Mir scheint, das wird immer verbotener. Langsam wird mir die Sache unheimlich ...
UNKE *wie oben* Uh-chuchu-chuuuh!
KASPERL Da hilft alles nix, ich muß durch!

Er öffnet die zweite Tür und gelangt an die dritte und letzte Tür. Ich glaub, dieser Keller besteht überhaupt bloß aus Türen und wieder Türen! – »Eintritt allerstrengstens verboten!« – Ob ich nicht lieber umkehre?

UNKE *wie oben* Uh-chuchu-chuuuh!

KASPERL Nein, ich muß weiter! Ich hab das Gefühl, daß ich hier gebraucht werde.
Er öffnet die dritte Tür. In diesem Augenblick erhellt sich im Hintergrund der Bühne der Unkenpfuhl so weit, daß man die Unke erkennen kann, die in seinem hintersten Winkel auf dem Fußboden hockt.

UNKE *schluchzt* Uh-chuchu-chuuuh!

KASPERL Um Himmels willen – wer sind denn Sie?

UNKE Ich bin eine Unke. Aber ich war einmal eine schöne Fee – die Fee Amaryllis. Ich sitze seit sieben Jahren als Unke in diesem Unkenpfuhl. Der Zwackelmann hat mich verzaubert und eingesperrt.

KASPERL Sieben Jahre? Entsetzlich!

UNKE Der Zwackelmann ist mein ärgster Feind. Er kann mich nicht leiden, weil ich ihm manchmal ein bißchen dazwischengezaubert habe. Da hat er mich überlistet und eine Unke aus mir gemacht. Eine – uh-chuchu-chuuuh – eine Unke!

KASPERL Kann ich irgendwie helfen?

UNKE Das kannst du. Verschaff mir ein Sträußlein vom Feenkraut. Es wächst auf der Hohen Heide hinter dem Zauberschloß. Wenn du mir dieses Kraut bringst und mich damit berührst, bin ich frei. Es macht allen bösen Zauber sogleich zunichte. Holst du es mir? Warum schweigst du?

KASPERL Ich kann hier nicht weg. Sobald ich das Schloß verlasse, trifft mich der Blitz. –

UNKE Wenn du ein Stück deiner Kleidung im Schloß zurückläßt – ein Stück, das du unmittelbar auf dem Körper trägst –, bist du frei und kannst gehen, wohin du magst. Am besten läßt du dein Hemd hier. Es kann aber auch ein Strumpf sein oder dein Hut.

KASPERL Auch der Hut? Der ist aber nur geborgt, er gehört meinem Freund, dem Seppel.
UNKE Das spielt keine Rolle, er tut es genau so.
KASPERL Dann lasse ich selbstverständlich den Hut hier. Weil er mir sowieso nicht paßt. Und nun sage mir, wo ich das Feenkraut finde und wie es aussieht, dann will ich es für dich holen.
UNKE Hinter dem Schloß auf der Hohen Heide steht eine alte Wetterfichte. Dort warte den Aufgang des Mondes ab. Das Feenkraut findet man nur, wenn der Mond scheint. Im Mondlicht beginnt es zu leuchten. Wenn du ein Büschel gepflückt hast, ist alles gut. Dann kann dir der Zwackelmann keinen Schaden mehr zufügen. Darum spute dich! Alles Gute – und viel, viel Glück!
KASPERL Danke, danke, ich geh gleich los!
UNKE Aber vergiß nicht, die Türen wieder zu schließen. Zwackelmann braucht nicht zu merken, daß du bei mir gewesen bist.
KASPERL Ach, richtig, die Türen! Die hätte ich glatt vergessen!
Er eilt davon und schließt die drei Türen hinter sich.
Wenn der Zwackelmann bloß nicht zurückkommt, bevor ich das Feenkraut in der Hand habe ... Sieben Jahre als Unke in diesem Unkenpfuhl – schrecklich!
Hinter ihm versinkt der Unkenpfuhl wieder in völliger Dunkelheit.
Wenn er die dritte Tür geschlossen und die Schloßküche wieder betreten hat, eilt er sogleich an das Fenster und blickt hinaus.
Draußen ist's dunkel geworden ... Bald geht der Mond auf! – Am besten, ich steige durchs Fenster hinaus. Aber zuvor muß ich Seppels Hut hier irgendwo hintun ...
Er nimmt den Seppelhut ab und stellt ihn auf den Küchentisch.
Ob ich mich auf die Unke verlassen kann? Am besten, ich stecke zur Probe erst mal die Hand hinaus ...
Er streckt eine Hand aus dem Fenster und wartet.
Na? Blitzt es nicht schon? – Die Unke scheint recht zu haben. Gut, ich versuche es! – Eins – zwei – drei – los!

Er schwingt sich aus dem Fenster und winkt zurück.
Das wäre geschafft, ich bin draußen! Wer hätte gedacht, wozu ein Seppelhut manchmal gut ist!
Nun verschwindet er endgültig, die Bühne bleibt eine Weile leer, dann hört man ein großes Rauschen und Brausen, das Zwackelmanns Rückkehr ankündigt.

ZAUBERER *kommt von links herein* So ein Zaubermantel ist doch wirklich eine feine Sache! Man setzt sich in Buxtehude drauf, spricht einen Zauberspruch – und hui trägt er einen mit Windeseile durch die Lüfte nach Hause! Hoffentlich ist der Seppel schon mit den Bratkartoffeln fertig. – He, Seppel! Her mit dem Abendbrot, ich bin grausam hungrig! – Es rührt sich nichts? Seppel! Ich glaube, der Bursche ist in der Küche eingeschlafen. Na warte, du Satansbraten, dafür setzt es Prügel!
Er eilt hinüber in die Küche und blickt sich dort suchend um.
Seppel! Wo steckst du, zum Donnerwetter? Her mit dir – und zwar augenblicklich!
Plötzlich fällt sein Blick auf den Küchentisch, wo – von einem Mondstrahl beschienen – Seppels Hut liegt.
Pest und Hölle – was sehe ich da im Mondenschein? Ist das nicht Seppels Hut? Ich beginne zu ahnen, was passiert ist ... Der Kerl hat es also geschafft, er ist ausgerissen. – Woher wußte er, wie das zu machen ist? Aber der Tropf soll sich wundern, wie schnell ich ihn wieder in meine Gewalt bekomme, ich habe ja seinen Hut. Als großer und böser Zauberer kann ich jeden Menschen, von dem ich ein Kleidungsstück bei der Hand habe, ohne Mühe herbeizaubern ... Rasch ans Werk!
Er eilt mit dem Hut zur Bühnenmitte und legt ihn dort nieder.
Her mit der Zauberkreide! Nun rasch auf dem Fußboden einen magischen Kreis gezogen – und quer durch den Kreis ein paar Striche ... So, es kann losgehen!
Wild gestikulierend, mit hohler Stimme

Herbei, herbei,
Wo auch immer er sei!
Des Hutes Besitzer,
Er stelle sich ein:
Wo der Hut ist,
Da soll er auch selber sein!
Hokuspokus – so sei es!

Donnerschlag, Stichflamme; an der Stelle, wo der Hut lag, steht wie aus dem Boden gewachsen der richtige Seppel mit einem Stiefel und einer Schuhbürste in der Hand.
Beim Satan und meiner neunmal geschwänzten Großmutter – was bedeutet das? Was will dieser fremde Bursche in meinem Zauberkreis? – Wer bist du, zum Henker, Kerl? Und wie kommst du hierher?
SEPPEL   Wie ich hierher komme, weiß ich selber nicht. Eben noch habe ich dem Herrn Hotzenplotz in der Räuberhöhle die Stiefel geputzt . . . Aber ich bin der Seppel.
ZAUBERER   Der Seppel bist du? Das stimmt nicht! Ich kenne den Seppel, er war mein Dienstbote. Dieser Hut da, der Seppelhut, ist von ihm.
SEPPEL   Ach du liebe Güte! Sie meinen ja gar nicht den Seppel, sondern den Kasperl! Genau wie der Räuber Hotzenplotz! Der hat den Kasperl und mich auch immer verwechselt – weil wir nämlich den Hut und die Mütze getauscht haben.
ZAUBERER   Hölle und Teufel! Dann ist es kein Wunder, wenn ich mit Hilfe von Seppels Hut nur den richtigen Seppel herbeizaubern konnte und nicht den falschen. Pfui Schwefel und Schusterpech! Was hat dieser Hotzenplotz mir da eingebrockt! Aber noch gibt es ja einen Ausweg aus dieser Patsche. Ich brauche nur Kaspers Zipfelmütze, dann kann ich auch ihn herbeizaubern . . .
Er wendet sich an Seppel.
Wenn ich dir glauben soll, daß du wirklich der Seppel bist, dann beweise es mir: Gib mir Kasperls Mütze!

SEPPEL Kasperls Mütze? Das geht nicht. Weil sie der Räuber Hotzenplotz doch verbrannt hat. Er hat sie vor meinen eigenen Augen angezündet. Aus purer Bosheit.
ZAUBERER Aus Bosheit, sagst du? Aus Dummheit! Aus Unverstand! Oh, dieser Hotzenplotz, dieser verdammte Blödian! Es ist zum Die-Wände-Hochlaufen! – Wem gehört übrigens der Stiefel in deiner Hand? Etwa dem Hotzenplotz?
SEPPEL Ja, dem gehört er. Ich hab ihn gerade putzen müssen.
ZAUBERER Dann her damit, her damit! Diesen Unglückswurm will ich mir gleich mal vorknöpfen!
Er stellt den Stiefel auf den Fußboden und zieht wiederum seine Zauberkreise.
Rasch einen neuen Zauberkreis! Und in die Mitte – den Stiefel vom Hotzenplotz!

> Herbei, herbei,
> Wo auch immer er sei!
> Des Stiefels Besitzer,
> Er stelle sich ein:
> Wo der Stiefel ist,
> Soll er auch selber sein!
> Hokuspokus – so sei es!

Donnerschlag, Stichflamme; im Zauberkreis erscheint der Räuber Hotzenplotz, bekleidet mit Schlafrock und Strumpfsocken.
HOTZENPLOTZ *reibt sich verdutzt die Augen* Nanu, wo bin ich denn da plötzlich hingeraten? Eben saß ich noch gemütlich in meiner Höhle, und jetzt auf einmal ... Ach, sieh mal, ich bin ja im Zauberschloß! Zwackelmann, alter Spaßvogel, du gefällst mir! Zauberst mich einfach aus meiner Höhle in dein Studierzimmer! – Und der Kasperl ist auch hier! Ich hatte mir schon den Kopf zerbrochen, wohin er verschwunden war.
ZAUBERER Erstens ist das der Seppel und nicht der Kasperl – und

zweitens hörst du sofort mit dem blöden Geschwafel auf, sonst vergeß ich mich!
HOTZENPLOTZ Aber Zwackelmann, alter Freund, was ist los mit dir? Warum bist du so schrecklich zornig?
ZAUBERER Was los ist? Der Bursche, den du mir gestern verkauft hast, ist ausgerissen. Der war nicht der dumme Seppel, sondern der Kasperl!
HOTZENPLOTZ Das habe ich nicht gewußt. Aber du bist ja ein großer Zauberer. Warum zauberst du dir den richtigen Kasperl nicht einfach herbei?
ZAUBERER Das kann ich nicht, weil du die Zipfelmütze verbrannt hast. Es ist zum Verrücktwerden! Oh, du Gimpel von einem Räuber, du Obergimpel!
HOTZENPLOTZ Ich ein Gimpel? Bei aller Freundschaft – das geht zu weit!
ZAUBERER Wenn ich dich einen Gimpel nenne, dann stimmt das. Ein Mann, ein Wort! – Abrakadabra, Gimpuli, Gampuli, Hotzenplotz, piep-piep-piep!
Blitz und Donner, die Bühne verdunkelt sich für einen Augenblick, dann ist Hotzenplotz verschwunden; an dem Platz, wo er vorher gestanden hat, steht nun ein Vogelkäfig, worin mit ängstlichem Gezwitscher und Flügelschlagen ein Gimpel umherhüpft.
Das hast du dir wohl nicht träumen lassen, wie? So, du Gimpel! Da kannst du nun sitzen und drüber nachdenken, was aus dir werden soll! – Aber nun zu dir, Seppel!
SEPPEL *ängstlich* Ui jegerl, jetzt werd ich sicher auch in ein Tier verzaubert ...
ZAUBERER Hör mich an, Bursche! Erstens schnappe dir diesen Vogelkäfig ... Na, wird's bald?
SEPPEL Ja, bitte, Herr Zauberer ...
ZAUBERER Und zweitens begib dich in jenes Gemach dort! *Er stößt Seppel vor sich her und führt ihn hinüber in die Küche des Zauberschlosses.*

Dieser Raum ist die Küche meines Zauberschlosses. Kannst du dir denken, was du hier sollst?
SEPPEL Offen gestanden – nein.
ZAUBERER Du sollst hier Kartoffeln schälen – sechs, nein sieben Eimer Kartoffeln schälen und kleinschnippeln! Wenn ich zurückkomme, wünsche ich Bratkartoffeln zu speisen. Hier ist das Küchenmesser – und hier die Abfalltonne. Den Vogelkäfig kannst du dir auf den Tisch stellen. Laß dir von Hotzenplotz was vorzwitschern bei der Arbeit.
SEPPEL Und Sie?
ZAUBERER Ich fliege auf meinem Zaubermantel den Kasperl suchen. Der Kerl soll mir nicht durch die Lappen gehen! Ich werde ihn finden, so wahr ich der große und böse Zauberer Petrosilius Zwackelmann bin – und dann mache ich kurzen Prozeß mit ihm! *Während er unter Blitz und Donner hinauseilt und Seppel sich anschickt, mit dem Kartoffelschälen zu beginnen, fällt der Vorhang.*

PAUSE

Sechstes Bild

Im Zauberschloß, wie 4. und 5. Bild. Die Bühne ist völlig dunkel, nur in der Schloßküche brennt ein Lämpchen neben Seppels Arbeitsplatz.

SEPPEL *gähnend, sehr müde* Fünf Eimer Kartoffeln habe ich schon geschält, jetzt kommt der sechste dran. – Wenn ich bloß nicht so entsetzlich müde wäre! Ich glaube, ich könnte auf der Stelle einschlafen ... Uaaah – auf der Stelle ... ein ... schla ... fen ...
Er bläst das Licht aus, kippt vornüber und beginnt zu schnarchen. Eine Weile liegt die Bühne völlig im Dunkeln. Dann tritt Kasperl auf. In der Hand hält er ein Büschel Feenkraut, das einen hellen Lichtschein verbreitet, der aber nicht bis zu Seppel dringt.
KASPERL Bis jetzt hat die Sache geklappt! Ich hab das Feenkraut gefunden und ein Büschel davon gepflückt. Wie hell es leuchtet! Man braucht gar keine Laterne in dieser Finsternis ...
Er begibt sich nach hinten zu den drei Türen.
Da ist schon die erste Tür – hier die zweite – und dort die dritte. Nun rasch in den Unkenpfuhl!
Wenn er die dritte Tür geöffnet hat, erhellt sich der Unkenpfuhl wieder, man erkennt die Unke.
UNKE Schon zurück, Kasperl?
KASPERL Ja, wie du siehst. Und hier ist das Feenkraut! – Aber horch, was ist das?
ZAUBERER *tritt im Vordergrund auf* Potz Schwefel, Marter und Höllenfeuer, wo mag dieser Kasperl bloß stecken? Zwei Stunden lang bin ich auf meinem Zaubermantel kreuz und quer durch die Nacht geritten und hab ihn nicht finden können – trotz meiner Eulenaugen, die auch das tiefste Dunkel durchdringen!
KASPERL Der Zwackelmann! Ach, du grüne Sieben!
ZAUBERER Warum stehen die Türen zum Keller offen? Was bei allen geschwänzten Teufeln bedeutet das? Oh, du grundgütiger Satan, ich ahne Unheil! Hoffentlich ist es noch nicht zu spät ...

Er schleicht vorsichtig von Tür zu Tür.
KASPERL Gleich muß er da sein, der Zwackelmann... Sage mir, was ich tun soll!
UNKE Berühre mich mit dem Feenkraut!
ZAUBERER *befindet sich zwischen der zweiten und dritten Tür.*
KASPERL *Er berührt die Unke mit dem Feenkraut. In diesem Augenblick erklingt liebliche Musik, und es steigt eine rosenfarbene Wolke auf. Wenn sie sich verzogen hat, ist aus der Unke die Fee Amaryllis geworden; der ganze Unkenpfuhl ist von strahlendem Licht erfüllt, von dem ein Strahl auch auf Zwackelmann fällt, sobald er die dritte Tür öffnet.*
ZAUBERER *zurückweichend* Gift und Galle, wie wird mir? Was muß ich sehen? Welch gräßlicher Anblick!
FEE Du hast ausgespielt, großer und böser Zauberer Petrosilius Zwackelmann! Ich bin keine Unke mehr, ich bin wieder die Fee Amaryllis. Nach sieben Jahren im Unkenpfuhl bin ich endlich frei. – Gib dich geschlagen, Bösewicht!
ZAUBERER *der vor ihr immer weiter zurückgewichen ist* Gegen das Feenkraut bin ich machtlos... Dieser verdammte Kasperl! Ich hab eine Wut auf den Kerl! Eine Wut, daß ich platzen könnte! *Wild mit den Armen fuchtelnd, stürmt er hinaus.*
Ich platze vor Wut! Ich platze! Ich platze!!!
Großer Knall im Off, Blitze zucken, Fetzen des Zaubermantels fliegen herein.
KASPERL *hebt die Fetzen auf und betrachtet sie* Jetzt hat's ihn tatsächlich vor Wut zerrissen, den Fackelschwan: rumsdich – und aus!
FEE Der große und böse Zauberer Petrosilius Zwackelmann hat das Ende genommen, das er verdient hat. – Komm nun, wir wollen das Schloß verlassen, Kasperl!
KASPERL Das finde ich auch. Aber zuvor muß ich rasch in die Küche und Seppels Hut holen, den ich dort liegengelassen habe. Kommen Sie mit?
Sie verlassen den Unkenpfuhl und begeben sich nach vorn in die Schloßküche. Das Licht folgt ihnen, denn die Fee »leuchtet«.

KASPERL *indem er die Schloßküche betritt* Es ist gleich erledigt. Der Hut liegt ...
Erst jetzt entdeckt er den schlafenden Seppel am Küchentisch und stutzt.
Nanu! Da liegt gar nicht der Hut, da liegt ja der Seppel! Er schläft wie ein Murmeltier ... Seppel! He, Seppel, willst du nicht aufwachen?
SEPPEL *setzt sich schlaftrunken auf* War ich eingeschlafen? Entschuldigen Sie, bitte, Herr Zwackelmann!
KASPERL Zwackelmann? Der ist tot und erledigt!
SEPPEL Herrje, ist das möglich? – Der Kasperl! Der Kasperl! *Er fällt ihm um den Hals.*
KASPERL Halt, halt, Seppel, nicht so stürmisch! Du drückst mir ja alle Rippen im Leib entzwei! – Sag mal, wie kommst du in Zwackelmanns Küche?
SEPPEL Das ist eine lange Geschichte, Kasperl. Ich will sie dir gern erzählen.
FEE Erzähle ihm die Geschichte später, Seppel!
SEPPEL Oha – wer ist denn die schöne Dame?
KASPERL Die Dame ist eine Fee, die Fee Amaryllis.
SEPPEL Ui, ist die schön! Und das vornehme Kleid, das sie anhat!
FEE Kommt jetzt mit mir, ihr beiden. Wir wollen das Schloß verlassen!
SEPPEL *auf den Vogelkäfig zeigend* Ich muß aber den da mitnehmen.
KASPERL Guck mal, ein Piepmatz!
SEPPEL Ein Gimpel, Kasperl – aber ein ganz besonderer!
Beide folgen der Fee Amaryllis quer über die Bühne. Seppel nimmt den Vogelkäfig mit. Wenn sie etwa die Bühnenmitte erreicht haben, bleibt Kasperl stehen und seufzt.
KASPERL Wenn wir nur schon endlich draußen wären aus dem vertrackten Zauberschloß! – Was soll übrigens daraus werden, wo es den großen und blöden Zauberer Zwackelmann ja in tausend Stücke zerrissen hat?

FEE Du bringst mich auf einen Gedanken, Kasperl! Ich werde das Schloß verschwinden lassen.
KASPERL Das können Sie?
FEE Ja, das kann ich.
Sie hebt beschwörend beide Arme.

>Ich, die Fee Amaryllis,
>Gebiete dir, altes Gemäuer:
>Verschwinde!
>Kraft meiner Feenmacht –
>Kraft meiner Feenmacht
>Gebiete ich dir:
>Verschwinde!

Musik erklingt, rosiges Gewölk steigt auf, das Schloß verwandelt sich bei offener Bühne in einen Blumengarten oder eine liebliche Waldlandschaft.
SEPPEL Donnerwetter, die kann das aber!
KASPERL Und ganz ohne Blitz und Donner!
FEE Ich kehre nun heim in das Feenreich. Und bevor ich dorthin zurückkehre, will ich dir danken, Kasperl. Sei gewiß, daß ich niemals vergessen werde, was du für mich getan hast. Nimm diesen Ring und behalte ihn! Du mußt wissen: er ist ein Wunschring. Drei Wünsche stehen dir frei. Wie auch immer sie lauten: Wenn du sie aussprichst und drehst dabei an dem Ring – er erfüllt sie dir.
SEPPEL Mensch, Kasperl, ein richtiger Wunschring! Willst du dich nicht bedanken?
KASPERL Ja, danke schön, danke schön!
FEE Wenn hier jemand zu danken hat, Kasperl, dann ich. – Ade nun, ihr beiden, lebt wohl und kommt gut nach Hause! Ich wünsche euch Glück und Gesundheit und frohen Mut – heute und morgen und immerdar!
Während Kasperl und Seppel zum Abschied winken, hüllt sich die Fee Amaryllis in eine Wolke und entschwindet bei lieblicher Musik.

KASPERL *nach einer Weile* Weg ist sie!
SEPPEL Und wir beide sind immer noch da! Also rasch nach Hause!
KASPERL Aber zuvor müssen wir diesen Hotzenplotz fangen! Der Kerl hat meine schöne Kasperlmütze verbrannt, das muß ich ihm heimzahlen! Bevor er nicht hinter Schloß und Riegel sitzt, hab ich keine Ruhe!
SEPPEL Tröste dich, Kasperl – er sitzt schon!
KASPERL Er sitzt?
SEPPEL Als Gimpel in diesem Vogelkäfig. Zwackelmann hat ihn verzaubert und in den Käfig gesperrt. Ja, da staunst du wohl? – Und was nun?
KASPERL Nun auf dem schnellsten Weg mit dem Gimpel zu Wachtmeister Dimpfelmoser und dann nach Hause! – Zuvor aber brauche ich eine neue Zipfelmütze. Ich kann doch nicht ohne Mütze unter die Leute gehen.
SEPPEL Woher willst du sie nehmen?
KASPERL Wir haben ja einen Wunschring, vergiß das nicht!
Dreht an dem Ring und spricht dabei Ich wünsche mir eine neue Kasperlmütze – genau wie die alte war!
Musik erklingt, eine Kasperlmütze schwebt aus den Wolken hernieder und senkt sich auf Kasperls Kopf.
Na bitte – da ist sie schon!
SEPPEL Großartig! Wenn ich nicht wüßte, daß Hotzenplotz deine alte Mütze ins Feuer geworfen hat, würde ich niemals glauben, daß dies eine neue ist. Doch nun komm endlich.
Sie nehmen den Vogelkäfig zwischen sich und marschieren einmal rund um die Bühne, wobei sie ein lustiges Lied pfeifen. Dann bleibt Kasperl stehen und gibt Seppel einen Rippenstoß.
KASPERL Du – Seppel?
SEPPEL Ja – Kasperl?
KASPERL Ich freu mich!
SEPPEL Glaubst du, ich freu mich nicht? Und Großmutter wird sich auch freuen!

KASPERL Großmutter? – Ach, du liebe Zeit! Wir hätten das Allerwichtigste fast vergessen!
SEPPEL Das Allerwichtigste?
KASPERL Großmutters Kaffeemühle!
SEPPEL Oje, du hast recht, Kasperl! Großmutters Kaffeemühle muß her, da hilft alles nix! Also kehrt – und zurück in die Räuberhöhle!
KASPERL Kommt gar nicht in Frage, Seppel – das machen wir einfacher. Wozu haben wir einen Wunschring? *Dreht an dem Wunschring und spricht dabei* Ich wünsche mir Großmutters Kaffeemühle herbei! *Musik erklingt, Großmutters Kaffeemühle schwebt aus den Wolken hernieder ins Gras.*
SEPPEL Donnerlittchen, das ist aber fix gegangen! Ob sie auch keinen Schaden genommen hat? Ich probiere sie gleich mal aus ...
Er kurbelt an der Kaffeemühle, es erklingt das Lied »Alles neu macht der Mai« – zweistimmig.
Mensch, Kasperl, hör dir das an! Sie spielt zweistimmig! Da wird Großmutter aber horchen ... Wie war das nur möglich? Kannst du dir das erklären?
KASPERL Ob die Fee Amaryllis dahintersteckt?
SEPPEL Ja, natürlich – die Fee Amaryllis wollte uns eine Freude machen damit, uns und Großmutter! Und was tun wir nun mit dem dritten Wunsch?
KASPERL Kannst du dir das nicht denken, Seppel? Ich weiß es schon!
Sie nehmen den Vogelkäfig wieder auf und marschieren pfeifend hinaus. Hinter ihnen senkt sich der Vorhang.

Siebtes Bild

Der Garten vor Großmutters Häuschen, wie 1. Bild.

GROSSMUTTER *tritt von links auf und schluchzt* Was mag bloß mit Kasperl und Seppel passiert sein? Wo sie nur so lange stecken? Ich mache mir schreckliche Sorgen um die beiden. – Ach, da kommt ja der Herr Wachtmeister Dimpfelmoser, den werd ich fragen ... Herr Wachtmeister?
WACHTMEISTER *betritt den Garten* Na, Großmutter, ich muß doch mal nachsehen, wie es Ihnen geht. Aber Sie sind ja so aufgeregt!
GROSSMUTTER *eilt auf ihn zu* Lieber, guter Herr Wachtmeister Dimpfelmoser! Stellen Sie sich bloß vor: Kasperl und Seppel sind noch immer nicht zurück! Was soll ich nur machen, ich hab ja solche Sorge!
WACHTMEISTER Tja, es ist eben keine Kleinigkeit, einen Räuber zu fangen. So was kann leicht ins Auge gehen.
GROSSMUTTER *bricht in lautes Weinen aus.*
WACHTMEISTER Na, na, na, Großmutter, wer wird denn gleich verzweifeln! Wissen Sie was? Wir lassen Kasperl und Seppel durch den Gemeindediener öffentlich ausrufen!
GROSSMUTTER Glauben Sie, daß das hilft?
WACHTMEISTER Man muß alles versuchen, Großmutter. – Und nun setzen wir miteinander den Text auf!
GROSSMUTTER Welchen Text?
WACHTMEISTER Den Text der Bekanntmachung, die der Gemeindediener ausrufen soll. – Na, zum Donnerwetter, wo hab ich bloß meinen Bleistift?
Er kramt Notizbuch und Bleistift hervor und beginnt zu schreiben.
Öffentliche Bekanntmachung! – Gesucht werden Kasperl und Seppel. – Besondere Kennzeichen?
GROSSMUTTER Rote Kasperlmütze und grüner Seppelhut.

WACHTMEISTER Rote Kasperlmütze ... und grüner Seppelhut ... – An alle Personen, die in der Lage sind, der Polizei zweckdienliche Mitteilungen zu machen, ergeht hiermit die dringende Aufforderung ...

Kasperl und Seppel sind bereits vor einiger Zeit am Gartenzaun aufgetaucht und haben zugehört; jetzt setzt Kasperl den Text der Bekanntmachung fort, während sie in den Garten gerannt kommen.

KASPERL ... sich unverzüglich beim nächsten Polizeibeamten zu melden! – Grüß Gott, Herr Wachtmeister Dimpfelmoser! Grüß Gott, Großmutter!

GROSSMUTTER Der Kasperl! Der Seppel!

KASPERL Ja, Großmutter, der Seppel und der Kasperl!

SEPPEL In voller Lebensgröße!

GROSSMUTTER *schließt die beiden in ihre Arme* Daß ihr nur wieder da seid! Ich hatte entsetzliche Angst um euch! Aber seid ihr's auch wirklich? Was sagen Sie bloß zu der Überraschung, Herr Wachtmeister?

KASPERL Die Hauptüberraschung kommt erst! – Herr Wachtmeister Dimpfelmoser! Wir haben Ihnen hier etwas mitgebracht, das Sie freuen wird ...

WACHTMEISTER Nämlich?

KASPERL UND SEPPEL Den Räuber Hotzenplotz!

WACHTMEISTER Nicht möglich! Wo habt ihr ihn?

KASPERL Hier im Käfig.

Er stellt den Vogelkäfig auf die Gartenbank.

WACHTMEISTER *bekommt einen Wutanfall* Was? Wie? Im Vogelkäfig? Das ist doch kein Räuber, das ist ein Gimpel! Mach deine blöden Späße, mit wem du magst! Ich bin eine Amtsperson! Wer sich über mich lustig macht, kommt ins Loch!

KASPERL Sachte, sachte, Herr Wachtmeister! *Leise zu Seppel* Aufgepaßt, Seppel – der dritte Wunsch! Stell dich zur Sicherheit an die Gartentür. Für den Fall, daß uns jemand entwischen will ...

SEPPEL *faßt neben der Gartentür Posten* Keine Sorge, Kasperl – ich paß schon auf!

KASPERL *dreht an dem Wunschring und spricht* Jetzt wünsch ich mir, daß aus dem Gimpel im Vogelkäfig wieder der Räuber Hotzenplotz wird!
Musik erklingt, eine Wolke steigt auf. Wenn sie sich verzogen hat, steht auf der Gartenbank anstelle des Gimpels der Räuber Hotzenplotz; er steht in Hausrock und Strumpfsocken da, sein Kopf steckt bis an die Schultern im Vogelkäfig.
WACHTMEISTER He – Sie da! Runter von Großmutters Gartenbank! Was fällt Ihnen ein, da hinaufzusteigen! Wer sind Sie denn eigentlich?
KASPERL Aber, aber, Herr Wachtmeister Dimpfelmoser, das ist doch der Räuber Hotzenplotz! Wollen Sie ihn nicht festnehmen?
WACHTMEISTER Dies soll der Räuber Hotzenplotz sein? Unsinn! Ein Räuber in Strumpfsocken!
GROSSMUTTER Doch, ich erkenne ihn wieder, er ist es wirklich! Sie müssen ihn festnehmen!
HOTZENPLOTZ *stößt einen wilden Schrei aus* Mich festnehmen? Aus dem Weg! Aus dem Weg da! *Er rennt zur Gartentür und will flüchten.*
WACHTMEISTER Festhalten, den Halunken, festhalten!
SEPPEL *hat blitzschnell die Gartentür zugeklappt und den Räuber festgeklemmt* Schon erledigt, Herr Wachtmeister!
HOTZENPLOTZ *zappelt und strampelt verzweifelt* Hilfe, Hilfe! Was ist das? Oh, verdammt noch mal!
KASPERL Hören Sie mit dem Gebrüll auf, werter Herr Räuber Hotzenplotz, es hilft Ihnen doch nichts! Sie sehen ja selbst: Sie sind festgeklemmt.
HOTZENPLOTZ Festgeklemmt! – Oh, verdammt noch mal, festgeklemmt! – Es drückt mir die Luft ab, ich kann nicht mehr ... Wie lange wollt ihr mich denn da zappeln lassen?
KASPERL Das liegt ganz an Ihnen. Wenn Sie brav stillhalten und sich fesseln lassen, ist es im Nu vorbei. – Los, los, Herr Wachtmeister! Wollen Sie ihn nicht fesseln und abführen?

WACHTMEISTER Fesseln und abführen? – Selbstverständlich wird er gefesselt und abgeführt ...
Er holt einen Strick aus der Tasche und bindet dem Räuber die Arme auf den Rücken.
Und wie ich ihn feßle, den Burschen! Nach allen Regeln der Polizeikunst! – So – fertig! Und nun ab durch die Mitte, daß du auf Nummer Sicher kommst!
HOTZENPLOTZ Ich hab eine große Bitte, Herr Wachtmeister. Könnten Sie mir den Vogelkäfig nicht runternehmen?
WACHTMEISTER Nein, der bleibt drauf! Mit dir bin ich vorsichtig!
Er zieht den Säbel.
KASPERL Was geschieht nun mit ihm?
WACHTMEISTER Fürs erste kommt der Halunke ins Spritzenhaus.
SEPPEL Und fürs zweite?
WACHTMEISTER Fürs zweite wird man ihm den Prozeß machen. – Ab, marsch!
Er knufft Hotzenplotz in den Rücken und führt ihn ab; plötzlich bleibt er jedoch stehen und dreht sich noch einmal um.
Übrigens, Kasperl und Seppel – ich sorge dafür, daß ihr gleich morgen vom Herrn Bürgermeister eine Belohnung für eure mutige Tat bekommt. Dann müßt ihr mir auch erzählen, wie alles geschehen ist. Ich möchte das selbstverständlich zu Protokoll nehmen. – Auf Wiedersehen!
KASPERL UND SEPPEL Auf Wiedersehen, Herr Wachtmeister Dimpfelmoser, auf Wiedersehen!
WACHTMEISTER *zieht zu den Klängen eines martialischen Marsches mit Hotzenplotz ab.*
GROSSMUTTER *die sich bisher etwas im Hintergrund gehalten hat* Ach, Kasperl und Seppel, ich bin ja so froh, daß ihr wieder da seid! Wißt ihr, was wir jetzt machen? Wir gehen ins Häuschen und trinken Kaffee!
KASPERL Gibt es auch Pflaumenkuchen?
SEPPEL Und Schlagsahne?

GROSSMUTTER Pflaumenkuchen und Schlagsahne, bis ihr Bauchweh bekommt und euch nicht mehr rühren könnt.
KASPERL Fabelhaft, Großmutter, fabelhaft! – Gehen wir?
GROSSMUTTER Gehen wir!
Sie stellen sich alle drei in einer Reihe auf; Kasperl und Seppel pfeifen ein lustiges Lied und ziehen mit Großmutter rund um die Bühne.
GROSSMUTTER *bleibt plötzlich stehen und ruft* Halt, Kasperl und Seppel, halt, halt! Mir ist eben eingefallen, ich muß rasch zu Frau Meier hinüber! Ich möchte sie bitten, daß sie uns ihre Kaffeemühle leiht. Ich will uns doch einen frischen Kaffee mahlen. Ohne Kaffeemühle geht das nicht.
KASPERL Recht hast du, Großmutter – ohne Kaffeemühle geht es wirklich nicht. Übrigens – bitte sehr ...
Er holt Großmutters Kaffeemühle hervor und überreicht sie ihr.
GROSSMUTTER Ist es die Möglichkeit? Meine Kaffeemühle?
KASPERL Deine Kaffeemühle, Großmutter!
SEPPEL Deshalb haben wir den Räuber ja schließlich gefangen.
GROSSMUTTER Meine Kaffeemühle! Meine schöne neue Kaffeemühle! Spielt sie auch noch, wenn man dran kurbelt?
Sie dreht an der Kurbel, die Kaffeemühle spielt zweistimmig »Alles neu macht der Mai«.
Tatsächlich, sie spielt! Und sie spielt sogar zweistimmig! Aber wie ist denn das möglich?
KASPERL Da müßtest du schon die Fee Amaryllis fragen.
GROSSMUTTER Die Fee Amaryllis? Wer ist denn das?
KASPERL Das erzählen wir dir an der Kaffeetafel!
SEPPEL Bei Pflaumenkuchen und Schlagsahne!
GROSSMUTTER Also, dann rasch ins Haus! Ich bin ja sooo neugierig!
Sie stellen sich wieder in einer Reihe auf, diesmal mit Großmutter an der Spitze; sie kurbelt an der Kaffeemühle, dazu singen alle drei.

    Ende gut,
    Alles gut,

Darum ziehn wir wohlgemut
Jetzt nach Haus
Zum Kuchenschmaus,
Denn das Spiel ist aus!

Singend ziehen sie einmal rund um die Bühne, dann hört man Hotzenplotz draußen rufen: »Ich will raus da! Ich will raus!«, woraufhin der Gesang weitergeht.

Hotzenplotz im Spritzenhaus
Möchte weg und kann nicht raus.
Uns egal!
Noch einmal:
Dieses Spiel ist aus!

Sie verschwinden in Großmutters Häuschen. Vorhang.

DIE KLEINE HEXE

Die kleine Hexe

Bühnenfassung

Nach dem gleichnamigen Kinderbuch in Zusammenarbeit mit Klaus Schlette und dem Ensemble des Südostbayerischen Städtetheaters Landshut

Personen

DIE KLEINE HEXE
DER RABE ABRAXAS
MUHME RUMPUMPEL
HERR PFEFFERKORN
REVIERFÖRSTER
1. HOLZWEIB
2. HOLZWEIB
3. HOLZWEIB
BILLIGER JAKOB
BLUMENMÄDCHEN
MARONIMANN
SIMON
URSEL
SCHNEIDERS FRITZ
SCHUSTERS SEPP
DER SCHNEEMANN

SCHÜTZENHAUPTMANN
BÜRGERMEISTER
FÄHNRICH
SCHÜTZE
THOMAS
VRONI
DIE OBERHEXE
EINE WINDHEXE
EINE WALDHEXE
EINE MOORHEXE
EINE KRÄUTERHEXE
EINE KNUSPERHEXE
MARKTLEUTE
VOLK AUF DEM SCHÜTZENFEST
DER OCHSE KORBINIAN

Besetzungsvorschlag
(wie in Landshut praktiziert)

1. *Dame* Die kleine Hexe
2. *Dame* Ein Holzweib – Blumenmädchen – Ursel – Besucherin auf dem Schützenfest – Windhexe
3. *Dame* Ein Holzweib – Besucherin auf dem Wochenmarkt – Ein Kind (Schneemanngeschichte) – Vroni – Moorhexe
1. *Herr* Der Rabe Abraxas
2. *Herr* Muhme Rumpumpel – Vorderteil Korbinian
3. *Herr* Pfefferkorn – Besucher auf dem Wochenmarkt – Simon – Fähnrich – Waldhexe
4. *Herr* Ein Holzweib – Besucher auf dem Wochenmarkt – Sepp – Thomas – Knusperhexe
5. *Herr* Förster – Besucher auf dem Wochenmarkt – Fritz – Bürgermeister – Kräuterhexe
6. *Herr* Billiger Jakob – Schneemann – Schütze – Oberhexe
7. *Herr* Maronimann – Besucher auf dem Wochenmarkt – Schützenhauptmann – Moorhexe

Bühnenbilder

  I. Bild: *Im Hexenwald vor dem Hexenhaus.* Das Bild muß die technischen Möglichkeiten für folgende Rückblenden bieten:
    1. Laden des Krämers Balduin Pfefferkorn
    2. Im Hochwald
    3. Auf dem Wochenmarkt
    4. Verschneites Städtchen
    5. Verschneite Wiese mit Schneemann
    6. Auf dem Schützenfest
 II. Bild: *Am Kreuzweg hinter dem Roten Stein in der Heide*
III. Bild: *Auf dem Blocksberg*

Jedem der drei Bilder geht eine Szene auf der Vorbühne (bei geschlossenem Vorhang) voraus. Das Stück kann in einem Zug durchgespielt werden. Falls eine Pause eingeschoben werden soll, empfiehlt sie sich nach dem I. Bild.

Im Gegensatz zu allen übrigen Spielern wendet sich der Rabe Abraxas wiederholt an das Publikum. Er ist gewissermaßen die »Kontaktfigur« zwischen Bühne und Zuschauerraum. Um ihm die Möglichkeit zu bieten, gelegentlich mit den Kindern in ein improvisiertes Gespräch zu kommen, werden im Anhang entsprechende Alternativen für zwei hierzu geeignete Stellen angeboten.

Auf der Vorbühne

Der Darsteller des Raben Abraxas tritt auf. Er ist unkostümiert und hält in der Armbeuge die Handpuppe eines Raben, die, während sie den Schnabel auf- und zuklappt, heftig nach allen Seiten krächzt.

Puppe Krah-krah-krah!
Rabe *die Puppe beschwichtigend* Still doch, mein Lieber, still doch! Warum so aufgeregt? Du hast doch nicht etwa Angst vor den Kindern? Schön ruhig, die tun dir nichts! Die wollen ja nur das Stück von der kleinen Hexe sehen.
Ins Publikum Stimmt doch – oder?
Zur Puppe Nun wollen wir denen erst mal guten Tag sagen.
Ins Publikum Guten Tag, Kinder – schön willkommen bei uns im Theater!
Puppe *krächzt* Guten Tag, guten Tag, guten Tag!
Rabe Also: Wir spielen das Stück von der kleinen Hexe. Er da – *zeigt auf die Puppe* – er sollte den Raben Abraxas spielen.
Puppe *krächzt* Abraxas, Abraxas, Abraxas!
Rabe Ihr wißt ja, der Rabe Abraxas ist kein gewöhnlicher Rabe. Er kann nicht nur »Guten Morgen« und »Guten Abend« krächzen wie jeder Rabe, der sprechen gelernt hat, sondern auch alles andere.
Puppe *krächzt* Alles andere auch, alles andere auch, alles andere auch!
Rabe Außerdem ist er seit langer Zeit mit der kleinen Hexe befreundet.
Puppe *krächzt* Befreundet, befreundet, befreundet!
Rabe *zur Puppe* Trotzdem – du wirst den Raben Abraxas nicht spielen.
Puppe *krächzt* Wer denn dann, wer denn dann, wer denn dann?
Rabe Den Raben Abraxas, entschuldige, werde ich spielen.

Puppe *krächzt* Warum du, warum du, warum du?
Rabe Weil es zu aufregend für dich wäre. Außerdem bin ich ein bißchen größer als du: Die Kinder können mich besser sehen. Ich werde mich also in einen Raben verwandeln.
Puppe *krächzt* Kannst du das, kannst du das, kannst du das?
Rabe *gibt dem Requisiteur ein Zeichen* Als Schauspieler kann man beinahe alles. *Der Requisiteur kommt herein und bringt ihm das Rabenkostüm.* Schnabel, Rabenflügel und Brille... *Zum Requisiteur* Kannst du mir einen Gefallen tun? Dann nimm bitte meinen kleinen Raben mit – und gib ihm ein Pfund Rosinen, mit Mandeln und Haselnüssen.
Puppe *krächzt* Und Kandiszucker und Kandiszucker und Kandiszucker!
Rabe Und Kandiszucker, soviel er mag!
Requisiteur *übernimmt die Puppe* Wird erledigt. *Mit der Puppe ab.*
Puppe *krächzt, während sie weggetragen wird* Dankeschön, dankeschön, dankeschön!
Rabe *verwandelt sich in den Raben Abraxas* Schnabel... Brille... Rabenflügel... Darf ich mich vorstellen? *Krächzt* Abraxas, Abraxas, Abraxas! Und jetzt zu der kleinen Hexe! Ihr Hexenhaus steht einsam im tiefen Wald. Seit früh um fünf sitzt sie über dem Hexenbuch und studiert darin. Leise, leise – damit wir sie nicht bei der Arbeit stören...

Erstes Bild

Im Hexenwald vor dem Hexenhaus. Das Bühnenbild ist so anzulegen, daß es die erforderlichen »szenischen Rückblenden« ermöglicht. Die kleine Hexe sitzt auf der Bank vor dem Backofen und studiert im Hexenbuch. Plötzlich – ein Donnerschlag. Abraxas und die kleine Hexe erschrecken fürchterlich.

HEXE Tut mir leid, ich hab mich versprochen. Ich wollte eigentlich einen Regen hexen. *Sie hext.*
>Hokus-pokus, Krötenei –
>Weiße Wolke, rasch herbei!
>Zieh herauf,
>Reiße auf ...

Äh ... *überlegt und fährt unsicher fort*
>Klimmerus, Klammerus,
>Nimm den Lauf!

Es regnet Wäscheklammern.
RABE Wäscheklammern! Wenn's wenigstens Kuchenkrümel oder Rosinen wären! Wo hast du bloß deine Gedanken!
HEXE *eigensinnig* Ich will einen Regen hexen! *Sie hext.*
>Hokus-pokus, Krötenei –
>Weiße Wolke, rasch herbei!
>Zieh herauf,
>Reiße auf ...

Äh ... *überlegt und fährt hastig fort*
>Mirulus, Murulus,
>Nimm den Lauf!

Es regnet weiße Mäuse.
RABE Weiße Mäuse! Warum nicht gleich Buttermilch? – Du solltest mal eine Pause machen.
Ins Publikum Alles, was man als Hexe lernen kann, hat sie längst gelernt. *Zur Hexe* Warum sagst du nichts, wenn ich mit dir rede?

Hexe *klappt langsam das Buch zu* Die Oberhexe hat mich bestimmt vergessen. Du weißt ja, Abraxas, was sie mir letztes Jahr auf dem Blocksberg versprochen hat – in der Walpurgisnacht ...
Rabe Du hast es mir schon so oft erzählt, daß ich's auswendig kann. *Imitiert die Oberhexe* »Du wagst es, in dieser Nacht auf den Blocksberg zu reiten, obwohl das für Hexen in deinem Alter verboten ist? Wie kommst du auf diesen verrückten Gedanken? Mit einhundertsiebenundzwanzig Jahren bist du zu jung für den Hexentanz – viel zu jung!«
Hexe Genau wie die Oberhexe!
Rabe *die Oberhexe imitierend* »Ich mache dir einen Vorschlag. Vor der nächsten Walpurgisnacht werde ich den Hexenrat einberufen. Dann wollen wir prüfen, ob du trotz deiner Jugend bereits eine gute Hexe geworden bist. Leicht wird die Prüfung nicht sein. Falls du sie aber bestehen solltest, darfst du in Zukunft am großen Hexentanz auf dem Blocksberg teilnehmen.« – *Ins Publikum* Wenn ihr mich fragt, ich finde das außerordentlich anständig von der Frau Oberhexe.
Hexe Trotzdem! Das Jahr ist zu Ende, heut nacht ist Walpurgisnacht – und der Hexenrat, der mich prüfen soll, hat nicht stattgefunden. Die Oberhexe hat mich vergessen, zum Donnerwetter! *Es donnert.*
Rabe Ein Gewitter! Rasch ins Haus, kleine Hexe, ich mag nicht naß werden – rasch ins Haus! *Während er die kleine Hexe ins Haus drängt, verfinstert sich die Bühne; es blitzt und donnert.*
Rumpumpel *reitet auf ihrem Besen herein* Hüraxdax-huraxdax, hörst du mich, kleine Hexe? Ich bin's, die Wetterhexe Rumpumpel! Hüraxdax-huraxdax, öffne das Fenster, ich hab dir was auszurichten – im Auftrag der Oberhexe!
Hexe *öffnet ein Fenster* Ach – du bist das, Muhme Rumpumpel?
Rabe *zu den Kindern, während Rumpumpel mühsam vom Besen steigt.* Die hat einen Hexenschuß!
Rumpumpel Hör mich an, kleine Kröte! Ich lade dich hiermit in aller Form vor den Hexenrat. Heute abend, sobald die Sonne sinkt,

sollst du zur Hexenprüfung am Kreuzweg hinter dem Roten Stein in der Heide sein.

HEXE Großartig, darauf habe ich lange gewartet!

RUMPUMPEL Falls du dir's überlegt haben solltest, brauchst du auch nicht zu kommen. Ich werde dich gern bei der Oberhexe entschuldigen.

HEXE Habe ich deshalb ein ganzes Jahr lang gelernt und gelernt? Ich bin eine gute Hexe geworden, das werde ich bei der Hexenprüfung beweisen.

RUMPUMPEL Wie du meinst. Ich habe dich während des Jahres heimlich beobachtet – und zwar damit! *Sie knipst und blitzt ein paarmal mit ihrer Kamera.* Es sind ausgezeichnete Bilder geworden! Ich werde sie heute abend dem Hexenrat vorführen – ohne Rücksicht auf dich.

RABE Da kann ich nur lachen!

RUMPUMPEL Lach du nur, dummes Rabenvieh, lach du nur! Es gibt Dinge, von denen du nichts verstehst.

RABE Und du auch nicht, Rumpumpel!

RUMPUMPEL *zur kleinen Hexe* Du hast ja noch ein paar Stunden Zeit, um dir alles in Ruhe zu überlegen. Denk an die Kamera und die Bilder! *Sie knipst und blitzt.* Hüraxdax-huraxdax! Vorwärts, mein Besen! Jedenfalls habe ich dich gewarnt, du grünes Gemüse! Hüraxdax-huraxdax! *Damit reitet sie unter Donner und Blitz davon, die Bühne erhellt sich wieder.*

RABE *tritt mit der kleinen Hexe ins Freie* Die Muhme Rumpumpel mit ihrem Fotokasten! Gib nichts auf ihr Gerede! Die alte Gewitterziege kann dich nicht ausstehen, das ist alles.

HEXE Wenn sie mich vor dem Hexenrat schlechtmachen kann, wird sie's sicher tun.

RABE Soll sie es doch versuchen! Du bist eine gute Hexe, vergiß das nicht! Alles, was du im Lauf des Jahres getan hast, kannst du verantworten.

HEXE Auch vor der Oberhexe?

Rabe Auch vor dem ganzen Hexenrat.
Hexe Findest du?
Rabe Bei meiner Rabenseele! Laß uns doch einfach mal Rückschau halten auf dieses Jahr!
Hexe Das wäre vielleicht nicht schlecht ...
Rabe Beginnen wir bei der letzten Walpurgisnacht! Zur Strafe für deinen Vorwitz hatten die großen Hexen dich ohne Besen nach Hause geschickt.
Hexe Zu Fuß bin ich heimgelaufen. Drei Tage und Nächte lang war ich unterwegs.
Rabe *zu den Kindern* Dann hat sie sich erst mal ausgeschlafen.
Hexe Und dann sind wir miteinander ins nächste Dorf gegangen.
Rabe Weil sie ja unbedingt einen neuen Besen gebraucht hat.
Hexe Wir gingen zum Laden des Krämers Balduin Pfefferkorn ...

1. Rückblende

Laden des Krämers Balduin Pfefferkorn. Herr Pfefferkorn döst hinter seinem Ladentisch und wird von der Ladenglocke aufgeschreckt.

Hexe Guten Tag, Herr Pfefferkorn.
Krämer Guten Tag, bitte sehr, guten Tag. Die Herrschaften wünschen, bitte sehr?
Hexe Ein Viertelpfund Kandiszucker.
Krämer Ein Viertelpfund Kandiszucker? – Bitte sehr, bitte gleich, ein Viertelpfund Kandiszucker, bitte sehr ...
Hexe Da, Abraxas. Bedien dich!
Rabe Nett von dir, danke sehr.
Krämer Bitte sehr ... Donnerwetter, das ist aber ein gelehriger Vogel, bitte sehr. Und so höflich und wohlerzogen.

Hexe Führen Sie Besen, Herr Pfefferkorn?
Krämer Was für ein höflicher, wohlerzogener Vogel, bitte sehr.
Rabe Danke sehr.
Hexe Führen Sie Besen, Herr Pfefferkorn?
Krämer Besen?
Rabe Besen!
Krämer In jeder Preislage, bitte sehr. Handbesen, Tischbesen, Stallbesen, Schneebesen, Küchenbesen und Reisigbesen. Auch Schrubber natürlich. Und wenn Sie vielleicht einen Staubwedel brauchen, bitte sehr ...
Hexe Danke, ich will einen ganz gewöhnlichen Reisigbesen.
Krämer Bitte sehr – einen Reisigbesen. Darf es dieser sein, bitte sehr?
Hexe Der mit dem kurzen Stiel da?
Krämer Besen mit längeren Stielen habe ich leider im Augenblick nicht auf Lager, bitte sehr.
Hexe Macht nichts, ich bringe ihn auf die richtige Länge. *Sie schnalzt mit den Fingern, der Besenstiel wird übermäßig lang.*
Rabe Bißchen zuviel des Guten, findest du nicht?
Hexe *schnalzt zweimal, der Besenstiel verkürzt sich auf normale Länge.* Ich glaube, jetzt ist er gerade richtig für mich. Nicht zu lang, nicht zu kurz. – Was bekommen Sie?
Krämer Bi-bi-bitte sehr?
Rabe Was Sie bekommen, Mann!
Hexe Für den Besen.
Rabe Und für den Kandiszucker.
Krämer S-sieben M-mark f-fünfunds-siebzig.
Rabe Warum der auf einmal stottert?
Hexe Sieben Mark ... fünfzig ... siebzig ... und fünf dazu ...
Krämer Bitte sehr, danke sehr. Soll ich den Besen ein wenig zusammenschnüren, bitte sehr? Dann läßt er sich besser tragen, bitte sehr.
Hexe Nicht nötig – ich reite darauf nach Hause, Herr Pfefferkorn. *Sie besteigt den Besen und huscht aus dem Bild.*

KRÄMER Bi-bi-bi-bitte sehr?
RABE *schneidet ihm das Wort ab* Danke sehr! *Pfefferkorn erstarrt vor Überraschung, das Bild erlischt.*

RABE Herr Balduin Pfefferkorn hat ein dummes Gesicht gemacht.
HEXE Aber das kann mir die Oberhexe nicht übelnehmen, denke ich.
RABE *zu den Kindern* Jedenfalls hat sie an diesem Tag den Beschluß gefaßt, eine gute Hexe zu werden.
HEXE Ich habe von nun an nicht sechs, sondern sieben Stunden täglich im Hexenbuch studiert – und zwar Seite für Seite.
RABE *zu den Kindern* Außerdem hat sie bei jeder Gelegenheit immerzu Gutes gehext.
HEXE Wie ein gewisser Rabe Abraxas mir das geraten hat.
RABE Weil man als gute Hexe natürlich dazu verpflichtet ist, das ist sonnenklar. Denk an die Holzsammelweiber, denen wir eines Tages im Wald begegnet sind ...

2. Rückblende

Im Hochwald. Zuerst stapft der Förster mit seinem Dackel durch den Wald und sieht strengen Blickes nach dem Rechten. Dann treten die drei Holzweiber mit ihren Buckelkörben auf. Sie suchen den Waldboden ab und sind traurig.

1. WEIB Es ist zum Verzweifeln heute, der Wald ist wie ausgefegt.
2. WEIB Kein Tannenzapfen, kein Stückchen Rinde.
3. WEIB Nicht mal ein bißchen Reisig ...
ALLE DREI Schlechte Zeiten für uns!
HEXE *mit dem Raben ins Bild tretend* Guten Tag miteinander! Was sucht ihr da eigentlich, wenn man fragen darf?

1. Weib Was werden wir hier schon suchen!
2. Weib Trockene Baumrinde, abgebrochene Äste und dürre Zweige.
3. Weib Aber wir haben zusammen noch nicht einmal einen halben Korb voll.
1. Weib Womit sollen wir im Winter die Stube heizen, wenn das so weitergeht?
Alle drei Schlechte Zeiten für uns!
Rabe Ich muß sagen, die drei tun mir wirklich leid.
1. Weib Und alles bloß, weil der Wind nicht wehen will.
3. Weib Wenn kein Wind weht, fällt nichts von den Bäumen herunter.
2. Weib Und wenn keine Äste und Zweige und Tannenzapfen herunterfallen – was sollen wir dann in die Körbe tun?
Alle drei Schlechte Zeiten für uns!
1. Weib Ich wollte, ich könnte hexen!
2. Weib Ich würde uns einen Wind hexen.
3. Weib Aber wer kann schon hexen?
Hexe Ihr könnt das freilich nicht.
3. Weib Du vielleicht?
Hexe Warum nicht?
Rabe Wenn die wüßten, mit wem sie reden!
Hexe *hext*
        Vintulus, ventulus,
        Vintulus, ventulus,
        hui-hui-huiii!

Sturm bricht los, Äste und Zweige prasseln herunter, die Weiber kreischen.

1. Weib Hilfe, Hilfe, ein Wirbelwind!
2. Weib Festhalten, daß er uns nicht davonweht!
3. Weib Werft euch zu Boden! Werft euch zu Boden und zieht den Kopf ein!
Alle drei Heilige vierzehn Nothelfer, steht uns bei!
Rabe Ich glaube, für diesmal reicht es.

Hexe *hext*
>Vintulus, ventulus,
>Bravo, bravissimo –
>Aus, vorbei!

Der Sturm bricht mit einem Schlag ab, sie verläßt das Bild.
Rabe Gut hast du das gemacht. Meine Hochachtung, kleine Hexe!
Die Holzweiber blicken sich ängstlich um.
2. **Weib** Ich glaub, ich trau meinen Augen nicht ...
1. **Weib** Soviel Zweige und soviel Tannenzapfen!
3. **Weib** Das reicht ja für viele Wochen, da haben wir aber Glück gehabt!
Alle drei Gute Zeiten für uns!
1. **Weib** Und jetzt los, daß die Körbe voll werden!
2. **Weib** Hoffentlich kommt uns der neue Revierförster nicht dazwischen.
3. **Weib** Still doch, man soll den Teufel nicht an die Wand malen!
1. **Weib** Sputet euch, sputet euch – was wir haben, das haben wir!
Förster *plötzlich auftauchend* Himmelfixpaukenschwerenotbleiundhagel!
Rabe Wenn man den – Förster nennt, kommt er gerennt.
Förster Ihr wißt wohl nicht, daß das Sammeln von Holz ohne Erlaubnis des staatlichen Forstamtes streng verboten ist – wie?
Alle drei Ach du liebe Zeit!
Förster Schüttet augenblicklich die Körbe aus, ihr verdammten Weiber, und packt euch!
1. **Weib** Die Körbe ausschütten?
2. **Weib** Lieber Herr neuer Revierförster, haben Sie Mitleid mit uns!
3. **Weib** Wir sind arm. Womit sollen wir denn im Winter die Stube heizen?
Förster Ausschütten, sage ich, Himmelfixpaukenschwerenotbleiundhagel! Hört ihr nicht? *Während er nacheinander die Körbe ausschüttet* Unberechtigtes Sammeln von Holz – ohne Erlaubnis des staatlichen Forstamtes – ist bei Strafe verboten! Merkt euch das ein für allemal, oder ich lasse euch einsperren!

Rabe *imitiert ihn* Himmelfixpaukenschwerenotbleiundhagel!
Förster So wahr ich hier was zu sagen habe, verdammt noch mal.
   Ab
1. Weib Was für ein böser, herzloser Mensch, dieser neue Förster!
2. Weib Das schöne Holz – und wir müssen es einfach hier draußen im Wald verfaulen lassen.
3. Weib Womit sollen wir nun im Winter die Stube heizen, hu-hu-uuuh?
Alle drei Schlechte Zeiten für uns, hu-huuuuh!
Hexe *ins Bild tretend* Was hilft es euch, wenn ihr heult? Ich werde dem Himmelfixpaukenkerl eine Lehre erteilen.
Rabe Das wird sie!
1. Weib Wie willst du das anstellen?
Hexe Das ist meine Sache. – Willst du mir deinen Korb leihen?
1. Weib *zögernd* Wenn du meinst ...
Hexe Keine Sorge, du kriegst ihn bestimmt zurück. Und jetzt geht ihr am besten nach Hause. Auf Wiedersehen!
Alle drei Auf Wiedersehen! *Holzweiber ab, Hexe packt den Korb voll.*
Rabe Jetzt möchte ich nicht der neue Revierförster sein. Ich wette, der kann sich auf was gefaßt machen.
Hexe Der Korb ist voll; es kann losgehen.
Förster *erneut auftauchend* Himmelfixpaukenschwerenotbleiundhagel, schon wieder so eine alte Hexe in meinem Wald! Weißt du nicht, daß das Sammeln von Holz ohne Erlaubnis des staatlichen Forstamtes streng verboten ist?
Hexe Guten Tag, Herr Revierförster. *Sie schnalzt mit den Fingern, der Förster erstarrt.* Ich weiß, was du sagen willst, Söhnchen. »Schütte sofort den Korb aus, Alte, und pack dich!« möchtest du sagen, nicht wahr? *Förster nickt.* »Ausschütten sollst du das Holz, oder ich lasse dich auf der Stelle einsperren!«
Rabe Himmelfixpaukenschwerenotbleiundhagel!
Hexe Möchtest du das nicht sagen, Söhnchen? *Förster nickt.* Na gut,

dann laß hören, was du mir wirklich zu sagen hast! Ich lasse mich überraschen. *Fingerschnalzen*

RABE *zu den Kindern* Jetzt sagt er von allem, was er eigentlich sagen möchte, genau das Gegenteil!

FÖRSTER *mühsam, wie unter Zwang* Entschuldige bitte, ich hab doch bloß Spaß gemacht. Selbstverständlich darfst du das Holz behalten, Mütterchen.

HEXE Wenn nur der Buckelkorb nicht so entsetzlich schwer wäre.

FÖRSTER Soll ich dir helfen? Ich kann dir das Holz ja nach Hause tragen, wenn dir das recht ist.

RABE Was für ein höflicher junger Mann, bitte sehr!

FÖRSTER Ich werde noch eine Ladung draufpacken, daß es sich lohnt.

HEXE Ob dir das nicht zu schwer wird?

FÖRSTER Laß nur, es geht schon. *Er hockt den Buckelkorb mühsam auf.* Du kannst dich sogar hinaufsetzen, wenn du müde bist.

RABE Wirklich?

FÖRSTER Du auch! Ich trage euch gern nach Hause.

RABE *nimmt mit der kleinen Hexe auf dem Buckelkorb Platz* Das lassen wir uns nicht zweimal sagen!

HEXE Vorwärts, mein Söhnchen! Immer geradeaus! *Der Förster beginnt auf der Stelle zu laufen.*

RABE Schneller, mein Eselchen, schneller – sonst muß ich dich leider ins Sitzfleisch picken! Streng dich gefälligst ein bißchen an!

FÖRSTER *weiterhin auf der Stelle laufend* Und wenn wir an Ort und Stelle sind, Mütterchen, werd ich das Holz auch noch kleinhacken, bündeln und aufstapeln, wenn du erlaubst.

RABE Und außerdem?

FÖRSTER Außerdem will ich in Zukunft zu allen Holzweibern nett und freundlich sein. Großes amtliches Ehrenwort. *Ab*

HOLZWEIBER *hinter den Bäumen auftauchend* Gute Zeiten für uns! Juhu, gute Zeiten für uns! *Das Bild erlischt.*

RABE Großartig hast du es ihm gegeben, dem Himmelfixpaukenförster – großartig! Wenn die Rumpumpel das wahrheitsgemäß berichtet, hast du beim Hexenrat einen dicken Stein im Brett.
HEXE Hoffen wir, daß sie der Oberhexe nichts vorschwindelt!
RABE Immerhin hast du ja mich als Zeugen. Ich kann das auf meinen Eid nehmen, wenn es sein muß – auf meinen Rabeneid. *Zu den Kindern* Wißt ihr, was mir am besten von allem gefallen hat, was sie jemals gehext hat? Das war eines Donnerstags auf dem Wochenmarkt in der Stadt.

3. Rückblende

Auf dem Wochenmarkt. Leierkastenmusik und Stimmen der Ausrufer im Hintergrund.

1. STIMME Sauerkraut, Sauerkraut, frisches Sauerkraut!
2. STIMME Wassermelonen und Kürbisse! Wassermelonen und Kürbisse!
3. STIMME Heiße Frankfurter! Heiße Frankfurter!
4. STIMME Boskop-Äpfel und Butterbirnen!
5. STIMME Türkischer Honig hier! Türkischer Honig hier! Lecker, lecker!
Darüber erhellt sich das Bild. Der Billige Jakob, etwas erhöht stehend, preist einer Gruppe von Leuten, die ihn umringt, seine Waren an.
JAKOB Treten Sie näher, treten Sie ran – hier kaufen Sie billiger als nebenan! – Hiiier ist der Billige Jakob! Hiiier kostet's statt 50 Pfennig bloß eine halbe Mark! Kaufen Sie, Damen und Herren, kaufen Sie! Schnürsenkel, Schnupftabak, Hosenträger! Rasierklingen, Zahnbürsten, Haarschleifen! Topflappen, Schuhwichse, Knoblauchsaft! Immer heran, meine Herrschaften! Hiiier ist der Billige

Jakob, kaufen Sie, kaufen Sie!
Währenddessen ist die kleine Hexe ins Bild getreten, nun wendet sich Jakob direkt an sie.
Wie wäre es, meine Dame, mit einem Feuerzeug? Sagen Sie nicht, Sie brauchen keins! Ein Feuerzeug kann man immer brauchen. Ich gebe es Ihnen zum Vorzugspreis! Nicht für fünf Mark und nicht für vier, nicht für drei Mark – für zwei Mark neunzig! Ach was, schon für lumpige zwei Mark achtzig gehört es Ihnen! Greifen Sie zu, meine Dame, Sie werden es nicht bereuen!

HEXE Na schön, wenn Sie meinen – hier ist das Geld.

JAKOB Und hier, meine Dame, das Feuerzeug! Diesen Fingerring, meine Herrschaften, kriegt sie gratis dazu, weil ich meinen Spendiertag habe! Ein Glücksring aus echtem Glas; er soll Ihnen Glück bringen, meine Dame. – Kaufen Sie, meine Herrschaften, kaufen Sie! Hiiier ist der Billige Jakob! Kaufen Sie, kaufen Sie, kaufen Sie!
Er geht mit den Leuten ab.

RABE *zur kleinen Hexe* Was willst du bloß mit dem Feuerzeug?

HEXE Vielleicht können wir's eines Tages brauchen. Jedenfalls war es preiswert, das mußt du zugeben.
Blumenmädchen kommt langsam herein, sehr schüchtern, beinahe ängstlich.

MÄDCHEN *mit leiser Stimme* Papierblumen, schöne Papierblumen, fünfzehn Pfennig das Stück. Papierblumen, schöne bunte Papierblumen.

RABE Wenn die nicht lauter ruft, wird sie niemand hören.

HEXE Warum denn so traurig, Mädchen?

MÄDCHEN Wer kauft schon im Sommer Papierblumen. Mutter wird wieder weinen, wenn ich am Abend nach Hause komme und nichts verkauft habe. Sieben Geschwister sind wir, und Vater ist nicht mehr da. Nun machen wir solche Papierblumen – aber kein Mensch will sie haben.

RABE Hilf ihr doch, kleine Hexe!

HEXE Schon gut, Abraxas! *Sie hext.*

> Nägelein-Rosmarin,
> Thymian-Akeleia,
> Lavendula!

MÄDCHEN Sagten Sie was? Ich hab Sie nicht verstanden.

HEXE Es wundert mich, daß dir die Leute die Blumen nicht abkaufen – bei dem Duft, den sie ausströmen ...

MÄDCHEN Meine Papierblumen?

HEXE *aus dem Bild tretend* Merkst du nicht, wie sie duften? Viel schöner als richtige Blumen duften sie – viel viel schöner ... *Leute kommen herzu und schnuppern*

1. FRAU Was duftet da? Nicht wahr, Sie riechen es auch?

2. FRAU Unbeschreiblich, wie gut das duftet ...

1. MANN Was Sie nicht sagen! Papierblumen, sagen Sie?

2. MANN Ob die wohl teuer sind?

1. MANN Meine Frau hat Geburtstag. Ich muß ihr auf jeden Fall ein paar mitbringen.

1. FRAU Wo es die wohl zu kaufen gibt?

Die Leute haben sich im Vordergrund des Bildes gruppiert wie zuvor um den Billigen Jakob. Nun erscheint hinter ihnen, etwas erhöht, das Papierblumenmädchen.

MÄDCHEN *Verhalten wie vorhin* Papierblumen, schöne Papierblumen, fünfzehn Pfennig das Stück. *Die Leute drängen heran.*

2. MANN Zehn Blumen, bitte!

1. FRAU Mir auch einen Strauß davon! Einen schönen großen!

2. FRAU Drängen Sie sich nicht vor, ich war früher da!

1. MANN Meine Frau hat Geburtstag! Ich brauche einen Geburtstagsstrauß! *Allgemeines Gedränge. Zuletzt kommt auch noch der Billige Jakob dazu.*

JAKOB Hörst du mich, Blumenmädchen? Hiiier ist der Billige Jakob! Heb mir unbedingt ein paar Blumen auf! Eine einzige wenigstens, hörst du mich? Hiiier ist der Billige Jakob!

1. FRAU Nein, keine Extrawurst!

1. MANN Auch für den Billigen Jakob nicht!

2. FRAU Wer zuerst kommt, der wird auch zuerst bedient.

Rumpumpel, als Reporterin verkleidet, taucht auf und macht ein paar Blitzlichtaufnahmen.
JAKOB Hiiier ist der Billige Jakob! Vergiß mich nicht! Hiiier ist der Billige Jakob!
Das Blumenmädchen verteilt Blumen über Blumen nach allen Seiten, darüber erlischt das Bild.

RABE Die Hexerei mit den Blumen hat mir am allerbesten gefallen. Wäre der Rabenschnabel mir nicht im Wege – ich würde dir einen Kuß dafür geben!
HEXE Versuch's doch mal! *Sie klappt ihm den Schnabel hoch und bekommt einen Kuß von ihm.* Danke, Abraxas.
RABE Bitte sehr, gern geschehen. – Ich glaube, das Blumenmädchen hat in der Eile gar nicht bemerkt, wieviel Blumen es wirklich waren, die es verkauft hat.
HEXE Ich schätze, es waren so an die tausend.
RABE Das reicht nicht! Mindestens achthundertzehnundneunzig waren es!
HEXE Hast du mitgezählt?
RABE Oder sechshundertzwölfundelfzigsiebzehn, vielleicht auch mehr ...
HEXE Jedenfalls haben die Blumen für alle Leute gereicht, sogar für den Billigen Jakob.
RABE Und ihren Duft haben sie behalten?
HEXE Den ganzen Winter lang.
RABE Der Winter ist lang gewesen – und kalt. Mich friert, wenn ich daran denke.
HEXE Du wärst ja den Winter über am liebsten daheim geblieben, im Hexenhaus, in der warmen Stube ...
RABE *ins Publikum* Aber sie hat es zu Hause nicht ausgehalten, es war ihr zu langweilig. Eines Tages mußte sie unbedingt in die Stadt reiten – in der Woche vor Weihnachten war das ...

4. Rückblende

Verschneites Städtchen. Vor dem Marktbrunnen steht der Maronimann an seinem Ofen und brät Kastanien. Er hat einen fürchterlichen Schnupfen.

MARONIMANN Haptschi-haptschi! – Heiße Maroni! Heiße Maroni! Haptschi-haptschi! – Heiße Maroni!
RABE Komische Namen gibt es!
HEXE *ins Bild tretend* Guten Tag, Herr Maroni!
MARONIMANN Wieso »Herr Maroni«? Haptschi! Ich heiße doch gar nicht Maroni!
HEXE Aber gesagt hast du's.
RABE *imitiert ihn* Heiße Maroni! Heiße Maroni!
HEXE Schreist du nicht dauernd, daß du Maroni heißt?
RABE Heiße Maroni! Heiße Maroni!
MARONIMANN Maroni ist nicht mein Name, haptschi!
RABE Jetzt verstehe ich überhaupt nichts mehr.
MARONIMANN Hast du noch nie von Maroni gehört? Heiße Kastanien, die man essen kann, heißen Maroni. – Ich brate Maroni, haptschi, und verkaufe sie. *Zur Hexe* Möchtest du davon kosten, haptschi? Probier mal davon – die werden dir guttun bei dieser Lausekälte, haptschi!
HEXE Wie schön warm die sind – und wie knusprig ... Danke schön, Herr Maronimann!
MARONIMANN Nicht doch, haptschi! Bevor du sie in den Mund steckst, mußt du sie schälen.
HEXE *während der Maronimann sich umständlich die Nase schneuzt* Hmmm, die sind gut! – Magst du mal kosten, Abraxas?
RABE Nicht schlecht, muß ich sagen – nicht schlecht ...
MARONIMANN Heiße Maroni! Heiße Maroni!
HEXE Ich finde, Maronimann ist ein feiner Beruf. Man hat eine leichte Arbeit und braucht nicht zu frieren, weil man am warmen Ofen steht.

MARONIMANN Meinst du, haptschi, daß der kleine Ofen mir gegen die große Kälte hilft? Da verbrennt man sich höchstens die Finger, wenn man die heißen Maroni herausholt, haptschi. Meine Füße sind Eiszapfen, sage ich dir. Und der Schnupfen erst! Meinen Schnupfen, haptschi, den werde ich überhaupt nicht mehr los – haptschi-haptschi!
RABE Dagegen müßte sich doch was tun lassen, kleine Hexe.
HEXE Ich bin schon dabei, Abraxas. *Während der Maronimann sich die Nase schneuzt, murmelt sie*
Haptschi-waptschi,
Waptschi-haptschi,
Sanito, sanito, sanito –
Ein für allemal!
MARONIMANN *dessen Stimme von jetzt an nicht mehr verschnupft klingt* Seltsam – ich glaube, die Kälte hat plötzlich nachgelassen. Ich merke es an der Nasenspitze und an den Zehen ... Kannst du mir das erklären?
RABE *ins Publikum* Das könnte sie allerdings!
HEXE Es ist spät geworden. Ich glaube, ich muß jetzt nach Hause reiten.
MARONIMANN Sagtest du – reiten?
HEXE *übergeht seinen Einwand und tritt aus dem Bild* Auf Wiedersehen – und danke schön, Herr Maronimann, für die heißen Kastanien!
RABE Danke schön, Herr Maroni – danke schön! *Ab*
MARONIMANN Keine Ursache, gern geschehen. Heiße Maroni! Heiße Maroni!
SIMON *kommt mit Ursel herbeigelaufen* Herr Maronimann – für ein Zehnerl, bitte!
URSEL Und mir für zwei Fünferl!
MARONIMANN Bitte sehr – wie die Herrschaften wünschen. *Er holt die Maroni vom Rost, füllt sie in Tüten und reicht sie den Kindern.* Hier für das Zehnerl – und da für die beiden Fünferl.
URSEL Danke, auf Wiedersehen! *Mit Simon ab*

MARONIMANN *betrachtet erstaunt seine Hände* Nanu, das ist aber merkwürdig ... Der Ofen ist heiß wie immer – und trotzdem kann ich ihn anfassen, ohne mir weh zu tun! In meinem ganzen langen Maronimannleben hat's das noch nicht gegeben. Ich hab mir zum ersten Mal nicht die Finger am Ofen verbrannt!

RABE *schaut noch einmal herein und krächzt ins Publikum* Er wird sie sich nie mehr daran verbrennen – verlaßt euch drauf.

MARONIMANN Und der Schnupfen? Der Schnupfen ist auch weg ... Wahrhaftig, bei meiner Nase, weg ist er – einfach wie weggeblasen! *Er entfaltet sein Schnupftuch und bläst es weg. Darüber erlischt das Bild.*

HEXE Den Schnupfen ist Herr Maroni für immer los.

RABE Und sollte er doch einmal wieder niesen wollen?

HEXE Dann hilft ihm bloß eine Prise Schnupftabak!

RABE Ausgezeichnet. Auch diese Geschichte sollte die Muhme Rumpumpel unbedingt dem Hexenrat erzählen.

HEXE Und wenn sie es nicht tut?

RABE Dann mußt du es eben selbst tun. Du bist ja nicht auf den Mund gefallen. – Vergiß auch die Schneemanngeschichte nicht!

HEXE Die Schneemanngeschichte ...

RABE Was meinst du wohl, wie die Oberhexe sich freuen wird, wenn du sie ihr erzählst.

HEXE Es war eines schönen sonnigen Wintertages im Februar. Wir waren gemeinsam ein Stück über Land geritten ...

RABE Und kamen zu einer verschneiten Wiese ...

5. Rückblende

Verschneite Wiese, darauf ein Schneemann. Simon und Ursel mit einigen anderen Kindern (Puppen?) tanzen um ihn herum und singen.

KINDER Schneemann, Schneemann, braver Mann,
 Hast ein weißes Röcklein an.
 Trägst auf deinem dicken Kopf
 Einen alten Suppentopf.
 Rübennase im Gesicht –
 Schneemann, Schneemann, frierst du nicht?
HEXE *am Rand des Bildes* Ist das nicht ein Prachtstück von einem Schneemann, Abraxas?
RABE *frierend* Kalte Pracht!
 Zwei große Bengel stürmen herein, die Kinder verstummen.
FRITZ Heda, ihr kleinen Kröppe! Aufhören! Schluß mit dem blöden Geplärre!
URSEL Der Schneider-Fritz...
SIMON Und der Schuster-Sepp!
SEPP Ist das euer Schneemann? Der muß weg.
URSEL Bitte nein!
FRITZ Bitte ja! *Sie zerstören den Schneemann.*
SEPP Sieh mal, wie locker dem seine Nase sitzt!
FRITZ Und der Wackelkopf!
SEPP Und der Bauch erst!
FRITZ Der Besen ist auch nichts wert. Zack! *Er bricht den Besenstiel entzwei.*
SEPP Leimt ihn euch wieder zusammen.
FRITZ Damit wir ihn wieder zerbrechen können! Zack, zack!
HEXE *zornig ins Bild tretend* Jetzt reicht's aber! Macht, daß ihr wegkommt, ihr Lausebengel!
SEPP Was will denn die alte Schachtel?

HEXE Laßt mir die Kinder in Ruhe! Los, verzicht euch – und daß es euch ja nicht einfällt, wieder zurückzukommen!
Die Bengel verschwinden, sie wendet sich nun den weinenden Kindern zu.
HEXE Nicht traurig sein, Kinder, nicht traurig sein!
URSEL Unser schöner Schneemann!
HEXE Ihr sollt einen neuen haben. Gebt acht: Dreht euch um und zählt bis zehn, aber hübsch langsam . . . *Sie hext.*

>Hominus-dominus,
>Mann aus Schnee!
>Corpulus-capitus,
>In die Höh!
>Reck dich, streck dich
>Hoch empor –
>Dreimal schöner
>Als zuvor!

Der Schneemann erhebt sich langsam zu voller Größe, die Kinder haben bis zehn gezählt und drehen sich wieder um.
SIMON Ui, ist der schön!
HEXE Setz ihm den Hut auf, Simon! Und du, Ursel, gib ihm den Besen in die Hand!
URSEL Ist der Besen denn wieder ganz?
HEXE Das siehst du ja – oder?
RABE Sie denkt aber auch an alles, die kleine Hexe.
HEXE Na, wie gefällt euch der neue Schneemann, Kinder?
URSEL Ich finde ihn ganz, ganz herrlich!
SIMON Aber der Fritz und der Sepp! Du wirst sehen, die werden ihn wieder kaputtmachen.
HEXE *mit Abraxas aus dem Bild tretend* Laßt sie nur kommen, die beiden Bengel! Dann können sie was erleben.
URSEL Der neue Schneemann ist wirklich schön geworden.
Die Kinder tanzen und singen wie vorhin.
KINDER Schneemann, Schneemann, braver Mann,
Hast ein weißes Röcklein an.

Trägst auf deinem dicken Kopf
Einen alten Suppentopf.
Rübennase im Gesicht –
Schneemann, Schneemann, frierst du nicht?
Die großen Bengel kommen hereingestürmt, schrill auf den Fingern pfeifend.
FRITZ Schluß mit dem blöden Herumgehopse! Platz da, ihr Kröten!
Sie postieren sich rechts und links vor den Schneemann, mit Blick zu den Kindern.
SEPP Ihr habt euch ja mächtig angestrengt.
FRITZ Das finden wir aber nett von euch.
SEPP Fertig, Fritz?
FRITZ Fertig, Sepp!
BEIDE Eins – zwei – drei – los!
Auf »eins-zwei-drei« hat der Schneemann die Arme gehoben, auf »los« packt er die Bengel am Kragen und beutelt sie.
SEPP Hilfe!
FRITZ Aufhören! Hilfe! Aufhören!
BEIDE Au-au-au! Au-au-au!
URSEL Ui, der Schneemann!
SIMON Er ist lebendig geworden!
DIE BENGEL Au-au-au! Au-au-auuuuh!
SIMON *mit Ursel und den anderen Kindern* Gib's ihnen, Schneemann! Gib's ihnen mit dem Besen! Gib's ihnen, gib's ihnen!
Der Schneemann hat die beiden großen Bengel in den Schnee geworfen und verhaut sie mit seinem Besen. Darüber erlischt das Bild.

RABE Ein toller Schneemann!
HEXE Und eine tolle Hexe! Ich könnte in einem fort weiterhexen ...
Fingerschnalzen: Aus allen Fenstern und Fugen des Hexenhauses strahlt rotes Licht hervor.
RABE Feuer, Feuer! Das Haus brennt!

HEXE *Fingerschnalzen: Im Hexenhaus blaues Licht.* Gefällt dir das besser? *Fingerschnalzen: Im Hexenhaus grünes Licht.*
RABE Ich frage mich, was das soll!
HEXE Spaß machen soll es! *Fingerschnalzen: Der Fensterladen klappt zu.* Ich finde das lustig. *Fingerschnalzen: Der Fensterladen klappt auf.*
RABE Das sind Kinkerlitzchen!
HEXE *belustigt* Kin-ker-litz-chen! Kin-ker-litz-chen!
  Dabei läßt sie den Fensterladen abwechselnd auf- und zuklappen. Aber es kommt noch besser! *Im Singsang* Schorn-stein, groß und klein! Schorn-stein, groß und klein! *Währenddessen wächst der Schornstein des Hexenhauses mehrfach in die Höhe und verkürzt sich wieder.*
RABE Laß das! Wir haben für solche Dummheiten keine Zeit!
HEXE Sagtest du was?
RABE Ich sagte: Wir haben ...
HEXE *schnalzt mit den Fingern.*
RABE *bellt im Rhythmus des Satzes* »*Wir haben für solche Dummheiten keine Zeit*« Wau-wau-wau-wau-wau-wau-wau-wau-wau-wau-wau-wau!
HEXE *singt und hext weiter* Dideldum, dideldei, lustig ist die Hexerei! Linksherum und rechtsherum, dideldadel, dideldum! *Das Hexenhaus wackelt im Takt des Liedes mit.*
RABE *versucht sich der kleinen Hexe verständlich zu machen, bellt aufgeregt* Wau-wau-wau! Wau-wau-wau!
HEXE Was hast du denn?
RABE Wau-wau-wau!
HEXE Ich versteh dich nicht.
RABE *jault kläglich* Wau-wau-wau-wau-wau-wauuuuuh!
HEXE Sprich doch deutlicher! – Ach so ... *Fingerschnalzen*
RABE Krah-krah-krah, kleine Hexe! Ich finde das gar nicht lustig.
HEXE Ich schon.
RABE Wir wollten doch Rückschau halten!
HEXE Das hätte ich fast vergessen.
RABE Denk an den Sonntag nach Ostern!

HEXE Ach ja, an das Schützenfest in der Stadt!
RABE An das Schützenfest ...
HEXE Und an den Ochsen Korbinian.

6. Rückblende

Auf der Festwiese. Angeführt von der städtischen Blaskapelle, ziehen die Schützen mit ihrer Fahne ein. Dann folgen der festlich geschmückte Ochse Korbinian und die Honoratioren des Städtchens. Die Königsscheibe, ein schwarzer Adler auf hoher Stange mit einem Wappenschild auf der Brust, ist am oberen linken Bildrand deutlich zu sehen. Im Vordergrund hocken Thomas und Vroni. Man sieht ihnen an, daß sie traurig sind.

HEXE *zu ihnen ins Bild tretend* Was ist los mit euch? Alle Leute sind fröhlich heute – und ihr laßt die Köpfe hängen.
VRONI Unser Ochse ...
THOMAS Du wirst es gleich hören. *Tusch*
HAUPTMANN *im Hintergrund* Ruhe für den Herrn Bürgermeister!
BÜRGERMEISTER Verehrte Festgäste! Ich, als der Bürgermeister unserer Stadt, habe die große Ehre, euch alle auf unserem Schützenfest herzlichst willkommen zu heißen. *Hochrufe* Unser besonderer Dank gilt in dieser Stunde dem Herrn Besitzer des Gasthofs »Zum doppelten Ochsen«, der uns als Siegespreis für das heutige Festschießen einen lebenden Ochsen gespendet hat. *Der Ochse wird in der Nähe der Kinder angebunden.*
VRONI Unseren Ochsen Korbinian ...
THOMAS Als Preis für den Schützenkönig!
VRONI Der wird ihn schlachten und braten lassen ...
THOMAS Und hinterher werden ihn alle Schützen gemeinsam auffressen.

BÜRGERMEISTER Vivat der edle Spender – es lebe der Ochsenwirt! *Hochrufe* Hiermit erkläre ich unser Schützenfest für eröffnet. *Hochrufe, Tusch. Es erklingt der Schützenmarsch. Fähnchen werden hinter der Rampe geschwenkt.*
HEXE Was wäre, wenn niemand den Ochsen gewinnen würde?
THOMAS Ein Schützenfest ohne Schützenkönig – das gibt es nicht.
HEXE Abwarten, Thomas. Manches kommt anders, als man's für möglich hält.
Im folgenden verhext sie die Schützen, indem sie jeweils nach dem Kommando »zielen« mit den Fingern schnalzt.
BÜRGERMEISTER Dies ist die Königsscheibe. Den ersten Schuß für den Herr Schützenhauptmann!
HAUPTMANN *marschiert auf* Ich habe die Ehre, Herr Bürgermeister. Durchladen – anlegen – zielen – – Schuß!
THOMAS Danebengeschossen!
STIMMEN Daneben, daneben! *Gelächter*
HAUPTMANN Das kann ich mir nicht erklären.
KORBINIAN Muuuh.
BÜRGERMEISTER Der zweite Schuß ist für Sie, Herr Fähnrich. *Fähnrich marschiert auf.*
HAUPTMANN Durchladen – anlegen – zielen – – Schuß!
STIMMEN Danebengeschossen, daneben! *Gelächter*
FÄHNRICH Das kann ich mir nicht erklären. *Ab*
KORBINIAN Muuuh.
BÜRGERMEISTER Der nächste Schuß für den nächsten Schützen.
Schütze marschiert auf.
HAUPTMANN Durchladen – anlegen – sorgfältig zielen – – Schuß!
STIMMEN Daneben, daneben! *Gelächter*
1. SCHÜTZE Das kann ich mir nicht erklären. *Ab*
KORBINIAN Muuuh.
HEXE Na, wie gefällt euch das?
THOMAS Es ist unbegreiflich. So was hat es noch nie gegeben, auf keinem Schützenfest.

Vroni   Keiner von ihnen trifft heute!
Rabe   Kunststück!
Thomas   Was für lange Gesichter die alle machen, der Hauptmann und seine Schützen!
Hexe   Na, Thomas – und du? Willst du nicht auch mal dein Glück versuchen?
Thomas   Im Ernst?
Hexe   Es geht immerhin um den Ochsen Korbinian.
Korbinian   Mu-hu-hu-huuuuh!
Hexe   Geh schon!
Thomas   Herr Bürgermeister, ich werde den Adler herunterschießen.
Hauptmann   Du willst dich wohl über uns lustig machen, du Bürschchen!
Thomas   Darf ich, Herr Bürgermeister?
Bürgermeister   Von mir aus – versuch es.
Fähnrich   Der trifft ja doch nichts.
Thomas   Ihre Büchse, Herr Hauptmann!
Hauptmann   Wenn du dich unbedingt lächerlich machen willst – da.
Bürgermeister   Kommandieren Sie, bitte, Herr Hauptmann.
Hauptmann   Ich habe die Ehre, Herr Bürgermeister. – Durchladen – anlegen – zielen – Schuß!
Der Adler fällt von der Stange. Hochrufe. Tusch
Vroni   Getroffen, Thomas! Du hast getroffen!
Stimmen   Getroffen! Getroffen! Getroffen!
Hauptmann   Das kann ich mir überhaupt nicht erklären.
Rabe   Ich schon.
Bürgermeister   Das Preisschießen ist beendet. Zum Schützenkönig erkläre ich hiermit den Ochsen Korbinian – äh – den Thomas vom Ochsenwirt. *Hochrufe*
Stimmen   Hoch soll er leben, der Thomas vom Ochsenwirt – dreimal hoch!
Bürgermeister   Der Siegespreis in Gestalt dieses lebenden Ochsen – er hat sich ihn wohl verdient. *Hochrufe. Tusch*

Als Reporterin verkleidet, schleicht sich die Muhme Rumpumpel herein.
RABE   Sieh mal!
HEXE   *draußen* Abraxas! Das ist ja ...
RABE   Die Muhme Rumpumpel ist das.
HEXE   Dann laß uns verschwinden! Mit der mag ich nicht zusammentreffen ... *Beide ab*
RUMPUMPEL   *mit gezücktem Notizbuch* Gestatten Sie eine Frage, Herr Schützenkönig – ich bin von der hiesigen Tageszeitung. Wann soll nun der Ochse gebraten werden?
THOMAS   Der Ochse Korbinian?
REPORTER   Den Sie soeben beim Königsschießen gewonnen haben. Was darf ich bitte schreiben?
THOMAS   Schreiben Sie, was meine Schwester Vroni sagt!
REPORTER   Meine Dame?
VRONI   Der Ochse Korbinian wird überhaupt nicht gebraten. Der kommt in den Stall zurück, wo er immer gestanden hat.
THOMAS   Und dort bleibt er für alle Zeiten.
   Rumpumpel macht ein paar Blitzlichtaufnahmen von Thomas, Vroni und dem Ochsen. Volk und Schützen reagieren auf den Ausgang des Festschießens enttäuscht.
STIMMEN   Und der Ochsenbraten? Der Ochsenbraten?
BÜRGERMEISTER   Keine Aufregung, liebe Mitbürger, keine Aufregung! Ich als der Bürgermeister lade euch alle zum Freibier ein. *Hochrufe* Auf Kosten der Schützenkasse! *Hochrufe. Der Schützenhauptmann sinkt langsam in sich zusammen, als habe ihm jemand die Luft ausgelassen. Darüber erlischt das Bild.*

RABE   Na – bitte! Als ob das nichts wäre für den Hexenrat!
HEXE   Ich glaube, die Muhme Rumpumpel will mir bloß Angst machen.
RABE   Gib nichts auf ihr Gerede! Die alte Schraube kann dich nicht leiden – und das ist alles.

Hexe Immerhin habe ich einmal an einem Freitag gehext.
Rabe Bei geschlossenen Fensterläden!
Hexe Trotzdem ... Hexen dürfen am Freitag nicht hexen.
Rabe Ach was! Woher soll die Muhme Rumpumpel das wissen?
Hexe Sie könnte mich durch den Schornstein beobachtet haben.
Rabe Dann müßte sie auf dem Besen geritten sein! Ist das für Hexen am Freitag denn nicht verboten?
Hexe Wie kommst du darauf? Gewöhnliche Menschen dürfen am Sonntag ja auch mit dem Auto herumfahren.
Rabe Wennschon! Du bist eine gute Hexe, und damit basta! Wir haben es doch gerade wieder gesehen. – Denk an den Bierkutscher, dem du es abgewöhnt hast, die Pferde zu prügeln. Und an den Schindelmacher, den du vom Kegeln kuriert hast!
Hexe Das hätte ich fast vergessen, Abraxas.
Rabe Und schließlich die beiden Lausbuben, die auf die Bäume gestiegen sind und die Vogelnester zerstört haben? Alles Beweise dafür, daß du eine gute Hexe bist! Glaub mir, das reicht! Das ist mehr als genug für den Hexenrat!
Hexe Hexenrat? Ach du meine Güte, ich werde mich noch verspäten! Höchste Zeit, daß ich aufbreche! – Her mit dem Besen – und rasch zum Kreuzweg hinter dem Roten Stein in der Heide! Auf Wiedersehen, Abraxas! *Sie besteigt ihren Hexenbesen und fliegt davon.*
Rabe Du willst mich nicht mitnehmen? Warte doch, kleine Hexe, warte! – – Weg ist sie. Jetzt aber los, was die Flügel hergeben! Glaubst du vielleicht, ich lasse dich heute abend allein? Ich werde dich einholen, kleine Hexe, bei meiner Rabenehre – ich werde dich einholen! *Er schlägt mit den Flügeln und fliegt ihr nach.*

Auf der Vorbühne

Die kleine Hexe kommt auf dem Besen hereingehuscht. Sie hat einen weiten Ritt hinter sich.

HEXE Gleich sind wir da ... *zieht einen Spiegel hervor* Ich glaube, ich sollte mich noch ein wenig zurechtmachen für den Hexenrat. Schließlich bin ich die Jüngste dort. Eine Warze am Kinn kann nicht schaden. Hier ein paar Falten hin – dort ein paar Falten hin. Gar nicht schlecht! Das macht mich ein bißchen älter. Und jetzt noch die Haare! Die müssen schön ruppig und struppig sein, das gehört sich so.
RABE *atemlos hereinflatternd* Kleine Hexe! Warum hast du nicht gewartet? Ich hab mir fast die Flügel verrenkt, um dich einzuholen.
HEXE *entgeistert* Abraxas!
RABE Du scheinst nicht besonders erfreut zu sein, mich zu sehen.
HEXE Abraxas!
RABE Ja?
HEXE Abraxas!!
RABE Ja, bitte?
HEXE Abraxas!!!
RABE *ins Publikum* Warum sagt die ständig »Abraxas«?
HEXE Abraxas – wie konntest du mir bloß nachfliegen! Weißt du nicht, daß ich ganz allein vor den Hexenrat treten muß?
RABE Ohne mich etwa? Wo ich alles bezeugen kann, was du getan hast? Ich werde der Oberhexe schon was erzählen, verlaß dich drauf! Oder traust du mir das nicht zu?
HEXE Was meinst du, wie gern ich dich mitnehmen würde, Abraxas – aber es geht nicht, versteh das doch! Wer vor den Hexenrat nicht geladen ist, hat dort nichts verloren. Man würde dich bloß davonjagen.
RABE Glaubst du?

Hexe Ich kenne mich aus mit den großen Hexen! In solchen Dingen verstehen sie keinen Spaß. Die bringen es fertig und rupfen dir alle Federn aus – oder sie drehen dir gar den Hals um.
Rabe Brrr, das sind schlechte Aussichten!
Hexe Eben, und deshalb muß ich allein gehen.
Rabe Tja, wenn das so ist, dann mach deine Sache gut vor dem Hexenrat!
Hexe Wird schon schiefgehen.
Rabe Toi-toi-toi, kleine Hexe! Auf Wiedersehen!
Hexe *den Besen besteigend* Auf Wiedersehen, Abraxas! *Sie huscht hinaus.*
Rabe Ich weiß nicht, ich weiß nicht – mit einemmal habe ich schreckliche Sorge um sie ... Was kann man von großen Hexen erwarten, die einem mir nichts, dir nichts die Federn ausrupfen und den Kragen umdrehen? Wenn ich wenigstens heimlich dabeisein könnte ... *Zu den Kindern* Wißt ihr was? Ich setze mich einfach zu euch – dann können wir miteinander sehen, wie alles weitergeht. Aber nichts verraten! *Er hat einen Platz im Zuschauerraum eingenommen; von dort aus macht er im folgenden seine Zwischenrufe.*

Zweites Bild

Am Kreuzweg hinter dem Roten Stein in der Heide. Von allen Seiten kommen die Hexen herbeigeritten, sie tanzen und singen.

ALLE HEXEN Heute ist Walpurgisnacht,
Was uns Hexen Freude macht.
Auf dem Besen durch die Lüfte,
Über Berge, Wälder, Klüfte –
Heißa, hussa, horrido:
Heut ist jede Hexe froh!

RUMPUMPEL Hüraxdax-huraxdax! Guten Abend, Gevatterinnen! Willkommen im Hexenrat! Ist die Oberhexe noch nicht zur Stelle?

WALDHEXE Die kommt schon noch! Laßt uns solange tanzen, Gevatterinnen!

ALLE HEXEN Heute ist Walpurgisnacht,
Was uns Hexen Freude macht.
Wie seit Jahren, so auch heuer
Wirbeln wir ums Hexenfeuer.
Alles singt und tanzt und lacht:
Heute ist Walpurgisnacht!

OBERHEXE *taucht unter Blitz und Donner auf* Irrtum, Gevatterinnen! Der Hexentanz findet erst heute nacht auf dem Blocksberg statt! Schluß mit dem Lärm jetzt! Man kann ja sein eigenes Wort nicht verstehen bei diesem Geschrei! Verzieht euch an eure Plätze und schweigt!

ALLE HEXEN *gruppieren sich um die Oberhexe*
Leise, leise, leise, leise,
Duckt euch, Hexen, rasch im Kreise!
Wenn's die Oberhexe will,
Kuschen wir und schweigen still.

OBERHEXE Kraft meines Amtes als Oberhexe erkläre ich hiermit den Hexenrat für eröffnet. – Rumpumpel?
RUMPUMPEL Frau Oberhexe?
OBERHEXE Sind alle Gevatterinnen versammelt? Nimm deine Liste und rufe sie nach der Reihe auf!
RUMPUMPEL Der Hexenrat ist auf den heutigen Abend einberufen. Wie euch bekannt ist, setzt er sich aus den gewählten Vertreterinnen der einzelnen Hexenarten zusammen. Wer spricht für die Windhexen?
WINDHEXE Ich!
RUMPUMPEL Für die Waldhexen?
WALDHEXE Ich!
RUMPUMPEL Für die Knusperhexen?
KNUSPERHEXE Ich!
RUMPUMPEL Für die Moorhexen?
MOORHEXE Ich!
RUMPUMPEL Für die Kräuterhexen?
KRÄUTERHEXE Ich!
RUMPUMPEL Für die Feldhexen?
FELDHEXE Ich!
RUMPUMPEL Für die Sumpfhexen?
SUMPFHEXE Ich!
RUMPUMPEL Für die Wetterhexen? – Ach so, das bin ich, das hätte ich fast vergessen.
OBERHEXE Mithin ist der Hexenrat also vollzählig?
RUMPUMPEL Vollzählig und beschlußfähig.
OBERHEXE Zur Tagesordnung! Es geht, wie ihr alle wißt, um die kleine Hexe. Hast du sie ordnungsgemäß geladen, Rumpumpel?
Die kleine Hexe tritt auf.
HEXE Sie hat mich geladen, Frau Oberhexe.
OBERHEXE Näher zu mir heran, kleines Ding: Laß dich ansehen! Bißchen feucht um die Ohren, nicht wahr? Mit einhundertsiebenundzwanzig Jahren ...

RABE Mit einhundertsiebenundzwanzigdreivierteleinhalb!
OBERHEXE Aber du weißt, was ich dir versprochen habe. Bestehst du die heutige Hexenprüfung, dann darfst du trotz deiner Jugend für alle Zukunft am großen Hexentanz auf dem Blocksberg teilnehmen. – Wollen wir anfangen?
HEXE Bitte, Frau Oberhexe.
OBERHEXE Wer stellt ihr die erste Aufgabe?
WALDHEXE Ich, mit Verlaub, die Waldhexe.
RUMPUMPEL Mach es ihr nicht zu leicht, Gevatterin!
WALDHEXE Keine Sorge, Rumpumpel! *Zur kleinen Hexe* Ich sehe, du hast einen schönen Besen zur Hand. Bringst du es fertig, den Besenstiel sprießen und grünen zu lassen – mit Zweigen und Blättern und silbernen Blüten dran?
HEXE Das soll mir nicht schwerfallen. *Sie hext.*
>   Hokus-pokus, Besenstiel!
>   Zweige sprießen, Blätter viel.
>   Silbern leuchtet's durch die Nacht:
>   Hokus-pokus – schon vollbracht!

ALLE HEXEN *äußern Beifall.*
RABE Bravo, die erste Aufgabe ist bestanden!
RUMPUMPEL *ist von seinem Zwischenruf irritiert.*
OBERHEXE Einmal ist keinmal, die Prüfung geht weiter. Wer stellt die nächste Aufgabe?
MOORHEXE Ich, mit Verlaub, die Moorhexe. – Siehst du den Roten Stein in der Heide? Laß ihn im Boden verschwinden und wieder auftauchen. Hinterher soll er weiß sein, mit bunten Tupfen.
HEXE Das soll mir nicht schwerfallen. *Sie hext.*
>   Hokus-pokus, Roter Stein,
>   Sinke in den Boden ein!
>   Tauche alsbald wieder auf –
>   Weiß, mit bunten Tupfen drauf:
>   Cito-citissime!

ALLE HEXEN *äußern Beifall.*

RABE Bravo, das hast du gut gemacht! Sehr gut, sehr gut!
RUMPUMPEL Da ist doch wer ...
OBERHEXE Die dritte und letzte Aufgabe muß von allen die schwerste sein, ich selbst werde sie dir stellen. – Kennst du das Hexenbuch in- und auswendig?
HEXE Von der ersten bis zur letzten Zeile.
OBERHEXE Dann hexe uns vor, was auf Seite eintausenddreihundertvierundzwanzig steht – im oberen Drittel!
RABE Hoffentlich weiß sie das! Hoffentlich weiß sie das!
RUMPUMPEL Ist da nicht irgendwo ein Rabe?
HEXE *in Richtung Abraxas* Pscht!
OBERHEXE Warum zögerst du, kleine Hexe?
HEXE Es könnte gefährlich werden – für dich und uns alle.
RUMPUMPEL Was steht denn auf Seite 1324 im Hexenbuch?
HEXE Dort steht, wie man ein Gewitter hext. Ein Gewitter mit Kugelblitz.
SUMPFHEXE Stimmt das auch?
KNUSPERHEXE Haargenau stimmt es. Zieh den Kopf ein und halte dir vorsichtshalber die Ohren zu!
HEXE Soll ich das wirklich hexen, Frau Oberhexe? Auf deine Verantwortung also ... *Sie hext.*
  Hokus-pokus, Donnerschlag!
  Finster wird's am hellen Tag.
  Rumpeldipumpel, es blitzt und kracht:
  Nehmt vor dem Kugelblitz euch in acht!
Schweres Gewitter, ein Kugelblitz fällt herab und umkreist den Hexenrat.
ALLE HEXEN *ducken sich ängstlich zu Boden und kreischen.*
HEXE Genügt das, Frau Oberhexe?
OBERHEXE Aufhören, aufhören! Willst du uns alle umbringen? Schluß damit!
HEXE *bringt das Gewitter mit einer Handbewegung zu Ende.*
RABE Das war eine Glanzleistung! Großartig, kleine Hexe, großartig!

Rumpumpel *hält mißtrauisch Ausschau* Wo sich das Rabenvieh bloß versteckt hält?
Oberhexe Werte Gevatterinnen, ich bin überrascht. Die kleine Hexe hat uns gezeigt, daß sie tatsächlich hexen kann. Ich erlaube ihr also, obwohl sie noch reichlich jung ist, in Zukunft beim großen Hexentanz auf dem Blocksberg mitzutanzen. – Oder ist jemand im Hexenrat anderer Meinung?
Rumpumpel Ich, mit Verlaub! Ich erhebe dagegen Einspruch, Frau Oberhexe!
Rabe Die macht sich ja bis auf die Knochen lächerlich!
Rumpumpel *zeigt ins Publikum* Frau Oberhexe, ich protestiere! Wo bleibt die Geheimhaltung?
Oberhexe Bist du mit ihrer Hexenkunst unzufrieden, Rumpumpel?
Rumpumpel Das habe ich nicht gesagt. Ich weiß aber, daß sie trotzdem keine gute Hexe ist.
Rabe Unsinn, bei meiner Rabenseele! Hört euch den Unsinn an!
Rumpumpel Ein Rabe, Frau Oberhexe!
Oberhexe Unsinn, bei meiner Hexenseele! Hört euch den Unsinn an! Zur Sache, Rumpumpel!
Rumpumpel Die Sache ist die, daß sie keine gute Hexe ist.
Oberhexe Kannst du uns das beweisen, Muhme?
Rumpumpel Ich habe sie während des ganzen Jahres heimlich beobachtet. Was sie getrieben hat, habe ich festgehalten, in Wort und Bild – ich werde davon berichten. *Sie hext sich einen Projektionsapparat herbei.*
Hexe Wenn es nicht lauter Lügen sind, habe ich nichts zu befürchten.
Rumpumpel Das wird sich herausstellen, kleines Luder, warte nur! *Sie stellt eine Leinwand auf.* Darf ich, Frau Oberhexe?
Oberhexe Wir hören dir zu, Rumpumpel.
Rumpumpel *projiziert im folgenden die entsprechenden Lichtbilder auf die Leinwand* Erstens hat sie drei armen Weibern geholfen, die Holz für den Winter brauchten.
Oberhexe Geholfen, sagst du?

Hexe Geholfen, Frau Oberhexe. Sie haben mir leid getan.
Alle Hexen *äußern Entrüstung, die sich von Mal zu Mal steigert.*
Rumpumpel Danach hat sie einen bösen Förster zu einem freundlichen Mann gemacht.
Sumpfhexe Unerhört ist das!
Rumpumpel Wartet, es kommt noch schlimmer! Seht ihr das Blumenmädchen? Sie hat es mit seiner ganzen Familie vor dem Hunger bewahrt.
Moorhexe Welch eine Unverschämtheit!
Rumpumpel Diesen Maronimann hat sie von seinem Schnupfen kuriert.
Waldhexe Habt ihr Töne, Gevatterinnen?
Rumpumpel Von dem Schneemann da hat sie zwei nette Lausebengel verhauen lassen – bloß weil die lieben Jungen ein bißchen böse zu kleinen Kindern waren ... Und dies ist der Ochse Korbinian, dem hat sie das Leben gerettet!
Oberhexe Du bestreitest das selbstverständlich, nicht wahr?
Hexe Im Gegenteil! Alles, was die Muhme Rumpumpel erzählt hat, stimmt haargenau.
Rabe Das kann ich auf meinen Eid nehmen.
Oberhexe Mir fehlen die Worte, Gevatterinnen! Und so was hätte ich heute nacht um ein Haar auf den Blocksberg gelassen. Pfui Rattendreck, welch eine schlechte Hexe!
Hexe Wieso denn? Ich habe doch immer nur Gutes gehext.
Oberhexe Das ist es ja eben, du kleines Miststück! Nur Hexen, die immer und allezeit Böses hexen, sind gute Hexen. Du aber, Pech und Schwefel, bist eine schlechte Hexe, weil du in einem fort Gutes gehext hast!
Rumpumpel Und außerdem hat sie einmal an einem Freitag gehext! Sie tat es zwar hinter verschlossenen Fensterläden, aber ich habe zum Schornstein hineingeschaut.
Oberhexe Das auch noch?! Beim Satan und seinen Hörnern, das muß bestraft werden!

ALLE HEXEN *dringen auf die kleine Hexe ein und schwingen die Besen.*
WALDHEXE Ob wir dem kleinen Aas das Gesicht zerkratzen?
WINDHEXE Wir könnten sie ein paar Wochen lang hungern lassen!
KNUSPERHEXE Ich habe daheim einen Gänsestall, der steht leer ...
MOORHEXE Gebt sie mir – und ich stecke sie bis zum Hals in ein Schlammloch!
OBERHEXE Nichts da, Gevatterinnen! Ich weiß eine bessere Strafe für sie. – Du wirst heute nacht auf dem Blocksberg das Holz für das Hexenfeuer zusammentragen, du ganz allein! Um Mitternacht muß der Scheiterhaufen errichtet sein. Wir werden dich dann in der Nähe an einen Baum binden, wo du die ganze Nacht über stehen und zuschauen sollst, wie wir anderen tanzen.
RUMPUMPEL Und wenn wir die ersten paar Runden getanzt haben, gehen wir hin zu der dreckigen kleinen Kröte und rupfen ihr alle Haare einzeln vom Kopf!
WINDHEXE Au fein, das wird lustig!
MOORHEXE Das gibt einen Spaß für uns!
WALDHEXE An diese Walpurgisnacht sollst du noch lange denken!
KRÄUTERHEXE Du elender kleiner Wechselbalg!
OBERHEXE Nichts da, Gevatterinnen, laßt ab von ihr! Das hat bis später Zeit. Jetzt aber rasch nach Hause! Wir müssen uns für den großen Hexentanz schönmachen, wie es der Brauch ist.
MOORHEXE Mit Schneckenfett!
KNUSPERHEXE Und mit Schlangengift!
WINDHEXE Und mit Fledermausspucke im Haar!
OBERHEXE *zur kleinen Hexe* Du da – verschwinde hier, und zwar schleunigst, damit du mit deiner Arbeit fertig wirst! Auf Wiedersehen, Gevatterinnen – um Mitternacht auf dem Blocksberg, beim großen Hexentanz!
Während die großen Hexen mit lautem Geschrei und Gekreische davonreiten, begibt sich die kleine Hexe nach vorn auf die Vorbühne. Hinter ihr wird es dunkel.

Auf der Vorbühne

Die kleine Hexe ist völlig erschöpft, sie läßt sich auf einen Baumstumpf nieder.

HEXE Eine schöne Bescherung! Was habe ich mir da eingebrockt? Ich bin also eine schlechte Hexe und müßte mich eigentlich dafür schämen. Aber, zum Kuckuck, das kann ich nicht – nein, das kann ich nicht! Alles, was ich getan habe, würde ich jederzeit wieder tun – alles, alles!

RABE *flattert herbei* Ich Schafskopf! Ich Esel! Ich Rindvieh von einem Raben! Ich könnte mir mit dem eigenen Schnabel eins auf den Schnabel geben!

HEXE Aber Abraxas – was hast du denn?

RABE Was ich habe? Ein schlechtes Gewissen habe ich, rundheraus gesagt. Schließlich bin ich es gewesen, ich Unglücksrabe, der dir geraten hat, immerzu Gutes zu hexen! Du hast ja inzwischen erfahren, was für ein dummer Rat das war!

HEXE Soll ich dir mal was sagen, Abraxas? Ich halte dich nach wie vor für den klügsten und besten von allen Raben, die jemals aus einem Ei geschlüpft sind. – Ich will es nicht glauben, daß man nur dann eine gute Hexe ist, wenn man nichts als Böses hext.

RABE Aber du hast es doch eben mit eigenen Ohren gehört – und ich habe es **auch** gehört! Und die Kinder auch. Ich bin schuld an dem ganzen Unglück! Ich könnte mir, wenn ich könnte, mit dem eigenen Schnabel eins auf den Schnabel geben!

HEXE Als ob uns damit geholfen wäre!

RABE Ich fürchte, uns hilft überhaupt nichts mehr! Wenn ich mir vorstelle, wie dich die großen Hexen um Mitternacht auf dem Blocksberg traktieren werden, dann sträuben sich mir die Federn.

HEXE Sie werden mich nicht traktieren – mein Wort darauf!

RABE Aber sie haben es doch beschlossen! Einstimmig!

Hexe Papperlapapp! Schließlich besitzen wir einen Glücksring aus echtem Glas ...

Rabe Den Glücksring vom Billigen Jakob! Ob der uns helfen wird?

Hexe Man muß daran glauben, Abraxas – dann hilft er bestimmt.

Rabe Ich werde zur Sicherheit dreimal draufspucken: toi – toi – toi ...

Hexe Und noch was, mein Lieber! Kenne ich nicht das Hexenbuch in- und auswendig? Seite für Seite und Spruch um Spruch? Jetzt soll es sich zeigen, was ich gelernt habe! – Kommst du mit auf den Blocksberg?

Rabe *beiseite* Ich fürchte mich zwar gewaltig, das muß ich zugeben; aber man darf sich nicht lumpen lassen in solch einem Augenblick, selbst als Rabe nicht ... *Damit folgt er der kleinen Hexe ins nächste Bild.*

Drittes Bild

Auf dem Blocksberg. Ein kahler Felsengipfel, umrankt von gespenstischem Baum- und Wurzelwerk.

HEXE Hier ist der Platz, wo die Hexen tanzen ...
RABE Und wo du den Scheiterhaufen errichten sollst für das Hexenfeuer. – Willst du nicht endlich anfangen, kleine Hexe?
HEXE Womit?
RABE Du mußt Holz suchen, Wurzeln und trockene Zweige. Es geht schon auf Mitternacht! Soll ich dir helfen?
HEXE Nicht nötig, Abraxas, danke schön.
RABE Aber du schaffst es nicht rechtzeitig!
HEXE Meinst du? *Zwei Glockenschläge*
RABE Beeil dich! Nur eine halbe Stunde noch!
HEXE Mir genügt eine Viertelstunde. Setzen wir uns einstweilen ein bißchen hin.
RABE Hinsetzen? Holz sammeln mußt du, Holz sammeln! Weißt du nicht, was dir die Oberhexe befohlen hat?
HEXE Alles zu seiner Zeit, mein Freund, alles der Reihe nach. *Drei Glockenschläge*
RABE Es ist Viertel vor zwölf – und was hast du bis jetzt getan? Du hast nichts getan, überhaupt nichts!
HEXE Ich werde es nachholen – wenn du mir nicht dazwischenredest.
RABE Ich bin ja schon still, kleine Hexe.
HEXE Das Holz wird gleich da sein! *Sie hext.*
>Hokus-pokus, eins-zwei-drei,
>Hexenbesen, kommt herbei!
>Lirum-larum, klipp und klapp,
>Fallt auf diesen Berg herab!
>Falle jeder, wie er falle:
>Kommt, ihr Besen – alle, alle!

Von allen Seiten fliegen die Hexenbesen herbei und prasseln auf einen Haufen.

RABE Aber ... das sind ja ... das sind ja ... Sind das nicht lauter Hexenbesen?

HEXE Die Besen der großen Hexen. Ich habe sie auf den Blocksberg gehext. Der lange da ist der Besen der Oberhexe – und der hier gehört der Muhme Rumpumpel.

RABE Du hast den Verstand verloren!

HEXE Was meinst du wohl, wie die brennen werden. Wir brauchen nur noch ein wenig Papier dazu. *Sie hext.*

> Hokus-pokus, still und leise:
> Hexenbücher, auf die Reise!
> Über Dächer, Türme, Wipfel –
> Her zu mir, auf diesen Gipfel!

Die Hexenbücher kommen herbeigeflogen und senken sich auf den Besenhaufen.

RABE Sind das nicht – Bücher?

HEXE Die Hexenbücher der großen Hexen – von mir herbeigehext. *Ein verspätetes Buch kommt herbeigeschwebt.* Husch, auf den Haufen mit dir! Dalli-dalli! *Das Buch platscht herunter.* Was sagst du zu meinem Scheiterhaufen, Abraxas?

RABE Die Besen ... Die Hexenbücher ... Sie werden dich umbringen, kleine Hexe: Ich kenne die großen Hexen!

HEXE Und weißt du, was ich kenne? Einen dritten Hexenspruch: den dritten und besten. *Sie hext.*

> Hokus-pokus-fidibus
> Mit der Hexerei ist Schluß!
> Oberhexe, Unterhexen:
> Keine Hexe kann mehr hexen.
> Hexen kann nur ich allein –
> Hokus-pokus-Kniesebein!

RABE Das habe ich nicht verstanden.

HEXE Ich habe den großen Hexen das Hexen abgehext, ein für allemal.

RABE Heißt das ...?
HEXE Das heißt, daß sie nicht mehr hexen können. Und da sie auch keine Hexenbücher mehr haben, bin ich von jetzt an die einzige Hexe auf Erden, die hexen kann! *Zwölf Glockenschläge*
RABE Es schlägt Mitternacht: zehn ... elf ... zwölf ... Die Walpurgisnacht hat begonnen!
HEXE Meine Walpurgisnacht! Laß uns das Hexenfeuer anzünden, Abraxas – mit diesem Feuerzeug!
RABE Das du beim Billigen Jakob gekauft hast?
HEXE Mit dem Glücksring zusammen. Ich wußte ja, daß es uns eines Tages nützen wird.
RABE Jedenfalls war es preiswert. Hoffentlich brennt es auch.
HEXE Halte die Flügel vor, daß der Wind es nicht auslöscht! *Sie betätigt das Feuerzeug.* Siehst du, es brennt auf den ersten Sitz! *Damit steckt sie den Haufen der Besen und Hexenbücher in Brand.*
RABE Das Zeug brennt wie Zunder, der alte Plunder!
HEXE Das Feuer, der Rauch ...
RABE Und stinken tut's auch!
HEXE Es brennen die Bücher ...
RABE Es brennen die Besen ...
HEXE Kein Mensch wird sie reiten ...
RABE Kein Mensch wird sie lesen!
HEXE Wie lustig das flackert!
RABE Es knistert und kracht!
HEXE Heißa, juchheißa – Walpurgisnacht!
RABE Ich könnte mich in den eigenen Schwanz beißen, wenn ich könnte. Vor Freude, verstehst du!
HEXE Wollen wir tanzen, Abraxas?
RABE Tanzen wir, kleine Hexe, tanzen wir um das Hexenfeuer! Und wenn ich auch bloß ein Rabe bin, der nicht singen kann – heut ist mir alles einerlei! *Sie umtanzen das Hexenfeuer und singen.*
BEIDE Heute ist Walpurgisnacht,
       Aus ist's mit der Hexenmacht!

>   Laßt uns tanzen, laßt uns singen,
>   Laßt uns um das Feuer springen.
>   Auf und nieder, hin und her:
>   Böse Hexen gibt's nicht mehr!

RABE Von heute an gibt es auf dieser Erde nur eine Hexe, und das bist du! *Ins Publikum* Sie ist eine kleine Hexe, das läßt sich nicht leugnen – und doch ist sie tausendmal besser als sämtliche Ober-, Unter-, Feld-, Wald- und Wiesenhexen zusammen, glaubt mir das!

HEXE Willst du nicht weitertanzen, Abraxas?

RABE Ich tanze ja schon! Und ich singe aus voller Rabenseele, wie mir der Schnabel gewachsen ist. *Beide haben sich in den Vordergrund gespielt, sie tanzen und singen weiter.*

BEIDE
>   Heute ist Walpurgisnacht,
>   Freut euch mit uns, singt und lacht!
>   Auf und nieder, hin und her:
>   Böse Hexen gibt's nicht mehr!

Unterdessen sind aus dem Hintergrund einige Gestalten aufgetaucht, denen die kleine Hexe zuvor begegnet ist: Maronimann, Blumenmädchen, Billiger Jakob, die Holzweiber etc. Sie fassen sich an den Händen und umtanzen das Hexenfeuer, während Hexe und Rabe noch im Vordergrund bleiben und weitersingen.

RABE Welches ich, der kluge Rabe,
>   Hiermit euch zu sagen habe!

HEXE Glaubt es ihm, ich bitte sehr –

RABE Böse Hexen gibt's nicht mehr.

Hexe und Rabe werden von den Tanzenden in den Kreis gezogen und tanzen nun mit ihnen ums Feuer.

ALLE *tanzen und singen dazu*
>   Darum singt und tanzt und lacht:
>   Heute ist Walpurgisnacht!
>   Darum singt und tanzt und lacht:
>   Heute ist Walpurgisnacht!

Während sie weitertanzen, schließt sich der Vorhang.

Anhang

Alternativen

zu Seite 76:

HEXE Und wenn sie es nicht tut?
RABE Du bist ja nicht auf den Mund gefallen! Vergiß auch die andere Wintergeschichte nicht ...
HEXE Welche meinst du denn?
RABE Du weißt doch, die Geschichte mit ... mit ... Es ist wie verhext mit mir, plötzlich kann ich mich nicht mehr erinnern ... *Ins Publikum* Ob ihr mir helfen könnt? Welche Geschichte war das doch gleich, die auch noch im Winter gespielt hat ...
(Dialog mit den Kindern)
Richtig, die Schneemanngeschichte!
HEXE Ach, die Schneemanngeschichte – freilich ...
(Folgt 5. Rückblende)

zu Seite 85:

RABE Wennschon! Du bist eine gute Hexe, und damit basta! Wir haben es doch gerade gesehen. *Ins Publikum* Stimmt doch – oder? Und außerdem gab es da noch ein paar andere Hexereien, bei denen sie Gutes gehext hat. Erinnert ihr euch?
(Dialog mit den Kindern)
Alles Beweise dafür, daß du eine gute Hexe bist!
Hoffen wir nur, daß die Muhme Rumpumpel sie vor dem Hexenrat nicht verschweigt!
(Weiter, wie ursprünglich vorgesehen)

Hinweis zur Szene mit dem Revierförster

Wo nicht mit den Mitteln des Schwarzen Theaters gearbeitet wird, kann die Huckepack-Szene wie folgt gelöst werden:
Wenn die Holzweiber auftreten (S. 65), haben sie einen Leiterwagen dabei. Die kleine Hexe leiht sich bei ihnen nicht nur einen Korb aus (S. 68), sondern auch den Wagen:
»Willst du mir deinen Korb leihen – und den Leiterwagen?«
An den entsprechenden Stellen auf Seite 69 f. spricht der Förster dann jeweils nicht von »nach Hause tragen«, sondern von »nach Hause fahren«. Zum Schluß setzen sich Hexe und Rabe auf den vollgepackten Leiterwagen und werden vom Förster mühsam hinausgezogen.

Alternative zu den Hexensprüchen

Hier ist eine »kabbalistische« Alternative zu den im Text verwendeten Hexensprüchen, wie sie in Landshut entwickelt wurde. Man sollte sich für eine der beiden angebotenen Möglichkeiten entscheiden und die beiden »Systeme« keinesfalls miteinander kombinieren.

Wäscheklammern, S. 60

Abrakapokus 4 – 5 – 3
Bing bong Regen
5 minus 8 Klammer 2!

Weiße Mäuse, S. 60

Abrakapokus, 4 – 5 – 3
Piep piep Wolke
5 plus 8 weiß 2!

Sturmwind, S. 66

Abrakapokus 4 – 5 – 11
Vintulus ventulus 45 – 12!

Sturm bricht ab, S. 67

Abrakapokus 4 – 5 – 12
Vintulus ventulus 54 – 11!

Blumenduft, S. 72

Abrakapokus 4 – 7 – 11
Rosmarin Thymian 47 – 11
Lavendula etcetera 5 – 2!

Maronimann, S. 75

Abrakapokus 13 mal 3
Haptschi 5 futschi 2 – 3 – 2!

Schneemann, S. 78

Abrakapokus 2 – 2 – 4 – 4
Schneemannschnee 25 gleich hier!

Besenstiel, S. 90

Abrakapokus 11 – 12 – 11
Besen 7 Silber 7 sprießen 35!

Roter Stein, S. 90

Abrakapokus 3 mal 9
Der Stein – schneeweiß – bunt-tupf
2 – 2 – 4 – 4 – 6 – 6 – 8 – 8!

Kugelblitz, S. 91

Abrakapokus 65 – 66
Witter-wetter 67
Zischbumbum null null – 7!

Hexenbesen, S. 97

Abrakapokus 1 – null null – 1
Hexenbesen 6 hoch 6
10 – 9 – 8, 6 – 5 – 4
7 Blocksberg 7 hier!

Hexenbücher, S. 98

Abrakapokus 1 – null null – 2
Hexenbücher 6 hoch 6
10 – 9 – 8, 6 – 5 – 4
7 Blocksberg 7 hier!

Hexen abhexen, S. 98

Abrakapokus 1 – null null – 3
Hexen hexen nix
Nix hexen Hexen
616 mal 6!

DER GOLDENE BRUNNEN

Der goldene Brunnen

Ein Märchenspiel

Vorbemerkung

Das Spiel vom goldenen Brunnen verwendet Gestalten und Motive der russisch-ukrainischen Volksüberlieferung.
Alle Eigennamen werden auf der ersten Silbe betont, mit Ausnahme von Kasan.
Die Vokale sind kurz und offen zu sprechen; lediglich bei folgenden Namen werden die (betonten) Vokale der ersten Silbe lang gesprochen:

M<u>i</u>scha   N<u>ju</u>ra
M<u>a</u>schenka   P<u>e</u>tja
N<u>i</u>na   M<u>i</u>tja

Personen

MASCHENKA

GROSSMUTTER

MISCHA HOLZBEIN ein abgedankter Soldat

NINA
NJURA   Bauernmädchen

KOSTJA
PETJA   Bauernburschen
MITJA

HAUPTMANN WOLKO

1. HÄSCHER
2. HÄSCHER   im Dienst des Wolfskönigs

ONKELCHEN
TANTCHEN   Schrate im Nebelwald
SCHRÄTZEL

PIMPUSCH DRACHENKOPF
PAMPUSCH DRACHENKOPF   die Köpfe des doppelköpfigen Drachen

Vorspiel

Maschenka und die anderen Mädchen kommen von weit her. Sie schleppen an ihren Traghölzern schwere, mit Wasser gefüllte Eimer. Müde vom weiten Weg in der Sommerhitze, summen sie eine Melodie vor sich hin.

MASCHENKA *singt mit halber Stimme den Text dazu*

> Unser Brunnen ist versiegt,
> Will kein Wasser geben.
> Ach, wie sollen Mensch und Vieh
> Ohne Wasser leben.
>
> Wasser schleppen müssen wir,
> Weil der Brunnen leer ist.
> Ach, wie ist der Weg so weit,
> Wenn der Eimer schwer ist.

Sie setzen die Eimer ab und rasten.
NINA Seit sieben Wochen schleppen wir nun das Wasser ins Dorf.
NJURA Das sind siebenmal sieben Tage ...
MASCHENKA Wenn unser Brunnen doch wieder fließen wollte!
NJURA Aber er fließt nicht, er ist versiegt.
MASCHENKA Großmutter sagt, er ist krank.
NINA Wenn er krank wäre, Maschenka, sollte es wohl ein Mittel geben, das ihn gesund macht und wieder zum Fließen bringt.
MASCHENKA Vielleicht gibt es eins?
NJURA Großmutter redet viel.
NINA Sie ist eben eine alte Frau, und sie glaubt an Märchen.
NJURA An Wunder glaubt sie.
MASCHENKA Ich wollte, sie hätte recht – damit wir dem Brunnen helfen könnten, dem kranken.

NJURA Dann wäre uns auch geholfen, Maschenka.
NINA Kommt jetzt, wir haben ja nicht mehr weit. Sie werden schon auf uns warten im Dorf.
Sie nehmen die Eimer wieder auf.
MASCHENKA *singt, während sie weiterziehen.*

> Unser Brunnen ist versiegt,
> Will kein Wasser geben.
> Ach, wie sollen Mensch und Vieh
> Ohne Wasser leben.
>
> Brunnen, lieber Brunnen, ach:
> Sag, was ist geschehen?
> Daß du nicht mehr fließen magst,
> Wer soll das verstehen?

Erstes Bild

*Das Dorf mit dem Brunnen, dahinter ein großer Wald.
Ein paar Burschen haben sich um den Brunnen versammelt. Man hört
Kostja, wie er im Brunnenschacht hackt und scharrt.*

PETJA Der legt sich ganz schön ins Zeug da unten.
MITJA Hoffentlich nützt es was.
PETJA *ruft in den Brunnen* He, Kostja! Du wirst dich noch krumm und dumm schuften, wenn du so weitermachst. Laß dich ablösen!
KOSTJA *antwortet aus dem Brunnenschacht* Unsinn! Zieht lieber den Eimer hoch!
PETJA Was ist?
KOSTJA Den Eimer hochziehen – hört ihr nicht?
PETJA Ja doch, wir ziehn ja schon.
Petja und Mitja ergreifen das Seil, das über den hölzernen Rand des Brunnens heraushängt, und ziehen daran.
MITJA Uff, ist der Eimer schwer.
PETJA Ich glaub, da hat Kostja versehentlich Blei hineingepackt.
MITJA Oder Hufnägel.
PETJA Vorsicht, da ist er!
Sie heben den Eimer über den Rand des Brunnens.
MITJA Wohin damit?
PETJA Auf den Haufen dort!
Sie kippen den Eimer auf einen Haufen neben dem Brunnen, dabei macht Mitja eine Entdeckung.
MITJA Seht mal – das Zeug ist ganz braun und dunkel ...
PETJA Wißt ihr, was das bedeutet, Freunde? *Er ruft in den Brunnen* Kostja! Hast du gemerkt, daß der Boden feucht wird? Grab weiter, du alter Maulwurf – es kann nicht mehr lange dauern, bis du auf Wasser stößt!

GROSSMUTTER *ist herangetreten, sie schüttelt den Kopf* Wißt ihr nicht, daß der Brunnen krank ist?
MITJA Ach – Großmutter ...
GROSSMUTTER Wie oft muß ich euch das noch sagen? Ein Kranker braucht seine Ruhe.
PETJA *achselzuckend* Ein Kranker!
GROSSMUTTER Und Nachsicht braucht er, und viel Geduld muß man mit ihm haben. Und gut muß man zu ihm sein, ihm die Krankheit leichtmachen.
Ihr aber – was für Esel seid ihr doch, was für Esel!
MITJA *horcht auf* Ich glaube, da sind die Mädchen!
Maschenka und die Mädchen kommen ins Dorf.
GROSSMUTTER Willkommen, ihr Mädchen. Tüchtig habt ihr euch abgeschleppt mit dem lieben Wasser.
PETJA Auch wir sind nicht faul gewesen.
MITJA *deutet mit dem Daumen zum Brunnen* Vor allem Kostja nicht!
PETJA *während die Mädchen ihre Eimer beim Brunnen absetzen* Morgen sind ohnedies wieder wir Burschen dran mit Wasserschleppen.
MASCHENKA *schöpft einen Becher voll* Der erste Schluck ist für Großmutter.
NINA Jeder bekommt einen halben Becher voll, für den gröbsten Durst. Das übrige bringen wir in die Häuser.
KOSTJA *den man gelegentlich hacken und scharren gehört hat, stößt in der Tiefe des Brunnens ein Freudengeschrei aus* Ich bin durch, ich bin durch! Es fließt Wasser, Wasser!
Die Mädchen kreischen erschrocken auf.
PETJA *beruhigt sie* Keine Bange, ihr Mädchen – das ist bloß Kostja.
NJURA Im Brunnen?
MITJA Da kommt er heraufgestiegen. Warte, ich helf dir. Ich nehm dir den Eimer ab.
KOSTJA *reicht den vollen Eimer über den Brunnenrand* Gib acht, daß du nichts verschüttest!
NINA Der Brunnen fließt wieder? Unser Brunnen?

KOSTJA *ist aus dem Brunnen geklettert* Ich hab Wasser heraufgebracht. Wollt ihr trinken?
MASCHENKA Wasser aus unserem Brunnen, Großmutter!
MITJA Aus ist es mit dem Eimerschleppen – und aus mit dem Durst!
PETJA *schwenkt einen Becher* Einschenken, Kostja – schenk ein! Auf den Augenblick haben wir lang gewartet!
KOSTJA Soll ich dem Schreihals was geben?
Alle stimmen zu. Kostja, der etwas erhöht steht, hebt den Eimer empor.
Wasser aus unserem Brunnen, Bruder. Hoffentlich weißt du das zu schätzen!
Er füllt Petjas Becher: das Wasser ist rot. Die Burschen und Mädchen weichen entsetzt zurück.
NINA Um Himmels willen – was ist das?
PETJA *starrt in den Becher* Bei allen Heiligen, Freunde – das sieht wie Blut aus ...
GROSSMUTTER *nimmt ihm den Becher ab, ohne hineinzublicken* Ich habe euch ja gesagt, daß der Brunnen krank ist. Und daß er Ruhe braucht und Geduld, und ein bißchen Nachsicht.
Jetzt nimmt sie auch Kostja den Eimer ab und leert beide Gefäße in den Brunnen.
Aber ihr wißt das ja alles besser. Ihr seid ja so schrecklich gescheit, so schrecklich gescheit.
KOSTJA Als ob du uns sagen könntest, wie man den Brunnen heilen kann – außer mit Warten und Warten.
GROSSMUTTER Heut nacht ist mir etwas eingefallen – etwas, das ich vor vielen Jahren gehört habe, als ich noch klein war. Ich hatte es fast vergessen, aber nun weiß ich's wieder. *Sie zeigt auf den Brunnen.* Wenn ihr ihm eine Kanne Wasser vom goldenen Brunnen holt, wird er daran gesunden.
MASCHENKA Wasser – vom goldenen Brunnen?
GROSSMUTTER Vom goldenen Brunnen zu Füßen der gläsernen Linde.
PETJA Da brauchte man bloß den Weg zu wissen ...

GROSSMUTTER Den Weg kann ich dir beschreiben, Söhnchen. Es kommt darauf an, ob du Mut hast.
PETJA Am Mut soll's nicht fehlen, Großmutter.
GROSSMUTTER Wenn du zum goldenen Brunnen willst, mußt du die Schwarzen Wälder durchqueren – das Reich, wo der König der Wölfe herrscht, der die Menschen haßt und nach ihrem Blut dürstet. Seine Häscher durchstreifen die Schwarzen Wälder bei Tag und Nacht – und fangen sie dich, dann nimmt es ein schlimmes Ende mit dir.
MITJA Na, Petja?
PETJA *druckst herum* Ich weiß nicht, ich will es mir überlegen ... Und überhaupt muß ich jetzt nach Hause, die Kälber tränken.
Er trollt sich mit zwei Eimern davon.
MITJA Das glaubt ihr wohl nicht im Ernst, daß Petja sich in die Schwarzen Wälder traut!
MASCHENKA Und wer Glück hat, Großmutter? Wem es gelingt, das Reich des Wolfskönigs hinter sich zu bringen?
GROSSMUTTER Der muß durch den Nebelwald, Maschenka, wo es von bösen Schraten wimmelt. Sie machen sich einen Spaß daraus, die Wanderer in die Irre zu führen, sie dahin zu locken und dorthin – bis sie sich nicht mehr herausfinden aus dem Wald und elend darin zugrunde gehen: vor Hunger und Durst und Kälte.
KOSTJA Na, Mitja?
MITJA *druckst herum* Ich weiß nicht, ich will es mir überlegen ... Und überhaupt muß ich jetzt nach Hause, die Kühe tränken.
Er trollt sich mit zwei Eimern davon.
KOSTJA Das glaubt ihr wohl nicht im Ernst, daß Mitja sich in den Nebelwald zu den Schraten traut!
MASCHENKA Und wer Glück hat, Großmutter? Wem es gelingt, den Nebelwald hinter sich zu bringen?
GROSSMUTTER Für den ist es nicht mehr weit zum goldenen Brunnen. Bald wird er die Zweige der gläsernen Linde sehen – und ihre Blätter hören, wie sie im Winde klingen.

KOSTJA Heißt das: er ist am Ziel?
GROSSMUTTER Er wäre es – wenn nicht der Zugang zum goldenen Brunnen von einem gräßlichen Ungeheuer bewacht würde, einem doppelköpfigen Drachen, der alles verschlingt, was ihm in die Nähe kommt.
Einer der beiden Drachenköpfe ist immer wach und hält Ausschau, der andere schläft. So wechseln sie miteinander ab – und niemand, aber auch wirklich niemand kommt unbemerkt an dem Drachen vorbei.
NINA Na, Kostja?
KOSTJA *druckst herum* Ich weiß nicht, ich will es mir überlegen...
Und überhaupt muß ich jetzt nach Hause, die Ochsen tränken.
Er trollt sich mit zwei Eimern davon.
NINA Was für Helden! Von denen ist einer soviel wert wie der andere!
NJURA Ich glaube, wir sollten heimgehen. Seid ihr denn gar nicht müde?
MEHRERE Ja, gehen wir, gehen wir.
Sie entfernen sich mit den Eimern, Großmutter bleibt allein zurück.
GROSSMUTTER *setzt sich an den Rand des Brunnens und singt mit leiser Stimme*

> Unser Brunnen ist versiegt,
> Will kein Wasser geben.
> Ach, wie sollen Mensch und Vieh
> Ohne Wasser leben.
>
> Wär ich jung noch, wär ich jung:
> Dann, auf flinken Sohlen,
> Lief' zum goldnen Brunnen ich,
> Wasser dort zu holen.

MASCHENKA *kommt mit einem Bündel und einer leeren Wasserkanne zurück, sie tritt hinter die Großmutter* Großmutter?
GROSSMUTTER Ja – was ist?

MASCHENKA Ich werde zum goldenen Brunnen gehen.
GROSSMUTTER Du, mein Kind? – Und du hast keine Angst vor dem Wolfskönig?
MASCHENKA Doch.
GROSSMUTTER Vor den Schraten im Nebelwald und dem doppelköpfigen Drachen?
MASCHENKA Doch, doch.
GROSSMUTTER Und willst trotzdem gehen?
MASCHENKA Als du noch jung warst, Großmutter, wärest du auch gegangen – nicht wahr?
GROSSMUTTER Und hätte mich auch gefürchtet, genau wie du. *Sie streicht Maschenka über das Haar.* Und vielleicht hätte meine Großmutter damals zu mir gesagt: Ich hab da was in der Tasche, Maschenka, das dir helfen soll. Und dann hätte sie eine Schachtel unter der Schürze hervorgekramt, so wie ich jetzt... Und weißt du, was in der Schachtel drin ist?
MASCHENKA *öffnet die Schachtel, die Großmutter ihr gegeben hat* Drei Schwefelhölzchen...
GROSSMUTTER Drei Wunschhölzchen, Maschenka! Jedesmal, wenn du eines von ihnen anreißt, kannst du dir etwas wünschen.
MASCHENKA Dann wünsch ich mir auf der Stelle, daß unser Brunnen gesund wird und wieder Wasser gibt!
Sie will eines der Hölzchen anreißen, Großmutter hält sie zurück.
GROSSMUTTER Langsam, Maschenka, langsam! Die Wunschhölzchen wirken erst, wenn du in der Fremde bist.
Und noch eins! Du kannst dich nicht einfach mit ihrer Hilfe ans Ziel deiner Reise wünschen. Weil niemand zum goldenen Brunnen unter der gläsernen Linde gelangt – es sei denn, er hätte den Weg dorthin Meile für Meile auf seinen eigenen Füßen zurückgelegt: anders kommst du nicht hin.
MASCHENKA Wie finde ich überhaupt den Weg, den ich nehmen muß?
GROSSMUTTER Folge nur immer, solang es Tag ist, dem Lied der

Nachtigall – und im Dunkeln dem Ruf des Kuckucks. So kannst du nicht fehlgehen.
Es ist Abend geworden, der Mond geht auf, von fern ruft der Kuckuck.
GROSSMUTTER Hörst du, er ruft dich schon. Gott befohlen, mein Kind. Und geh sparsam um mit den Wunderhölzchen. Vergiß nicht: du hast nur drei – und die müssen reichen. Jedenfalls für den Hinweg.
MASCHENKA *nimmt Kanne und Bündel auf* Und für den Rückweg, Großmutter?
GROSSMUTTER Wenn du das Wasser vom goldenen Brunnen geschöpft hast, Maschenka, kann dir nichts mehr geschehen. Weder vom doppelköpfigen Drachen, noch von den Schraten im Nebelwald, noch vom Wolfskönig, noch von sonstwem. Frei und sicher wirst du mit deiner Kanne ins Dorf zurückkehren, da sei unbesorgt.
MASCHENKA *schon halb abgewandt* Seltsam, daß nachts der Kuckuck ruft. Und so laut ruft er aus dem Wald herüber – so laut, so laut.
GROSSMUTTER Es wird Zeit, daß du gehst, mein Kind.
MASCHENKA Es wird Zeit, daß ich gehe, Großmutter.
Während Großmutter am Brunnen zurückbleibt, folgt Maschenka dem Ruf des Kuckucks hinaus. Es wird rasch dunkel.

Zweites Bild

In den Schwarzen Wäldern. Im Vordergrund ein nach vorn offenes Verlies, dessen Pforte mit einem schweren Eisengitter verschlossen ist.
Es ist Nacht. Mischa Holzbein wird von den Häschern des Wolfskönigs hereingestoßen und ins Verlies gesperrt.
Die Häscher sind mit langen Spießen bewaffnet und in Wolfspelze gehüllt, sie tragen Helme in Gestalt von Wolfsköpfen.
Ihr Anführer Wolko kann sich zur Not in der Menschensprache verständlich machen, die anderen nicht: Sie verständigen sich untereinander durch Bellen, Knurren und Jaulen.

MISCHA Laßt mich los, ihr verdammten Hunde! Loslassen, sag ich! Das könnt ihr mit einem ehrlichen, abgedankten alten Soldaten nicht machen – daß ihr mich einsperrt, bloß weil ich mich zufällig in die Schwarzen Wälder verirrt hab. Loslassen, sag ich – loslassen!

WOLKO *schließt von außen das Gitter ab* Du Maul halten, du gefangen! Morgen du kommen vor Wolfskönig, er dich – krrr!
Die Häscher bekräftigen seine Worte mit Freudengebell.

MISCHA Bellt nur, verfluchte Köter, bellt nur! Damit könnt ihr Mischa Holzbein nicht bange machen.
Wenn ich bloß einen Knüttel zur Hand hätte, einen Knüttel! Ich würde euch . . . Großer-Gott-in-den-Wolken! – ich würde euch auf die Schnauze schlagen, Wolfsbrut, elende!
Er rüttelt am Gitter. Laßt mich raus da – sonst sollt ihr mich kennenlernen, verflucht noch mal! Rauslassen, rauslassen!

WOLKO Du Maul halten, du von Gitter weg!
Die Häscher stecken ihre Spieße durchs Gitter und treiben Mischa zurück.

MISCHA Ach, laßt euch doch einkümmeln, alle miteinander!
Die Häscher bellen, er bellt zurück.

Wenigstens die gestohlenen Sachen könntet ihr mir zurückgeben, Diebsgesindel – die Feldflasche und den Ranzen!
WOLKO Du nennen uns Diebe?
MISCHA Was wahr ist, wird man doch wohl noch sagen dürfen.
WOLKO Leute von Wolfskönig – keine Diebe! Leute von Wolfskönig – ehrlich.
MISCHA Der Ranzen und meine Flasche sind trotzdem weg. Die haben mir deine Strolche abgenommen. Frag sie doch selber!
WOLKO Ich fragen. Ich Wahrheit herausbekommen.
Er wendet sich an die Häscher und bellt sie an, die Häscher ducken sich.
1. HÄSCHER *bellt eine kurze Antwort.*
WOLKO *gerät in Wut und schwingt die Knute.*
MISCHA *ist interessiert ans Gitter getreten* Na, Hauptmann, was sagen die? Wenn ich euch bloß verstehen könnte!
WOLKO *bellt in höchstem Zorn seine Leute an.*
2. HÄSCHER *wirft sich ihm jaulend zu Füßen.*
MISCHA Das ist er! Das war der Halunke!
WOLKO Du Maul halten, du bekommen dein Kram zurück!
Er wirft Mischa die Feldflasche und den Ranzen durchs Gitter zu, dann jagt er den 2. Häscher davon.
MISCHA *hat sich in seinen Winkel zurückgezogen* Der Ranzen ist leer – und die Flasche auch. Großer-Gott-in-den-Wolken! Jetzt könnte ich was zu essen vertragen – und einen Schnaps. Aber woher nehmen?
Der beste Ranzen taugt keinen Pfifferling ohne Brot und Speck – und die schönste Flasche nichts, wenn sie leer ist.
Er wendet sich an Wolko Wir hatten im Regiment einen Burschen, der hat ein Lied gemacht. Das Lied ist mir auf den Leib gedichtet, ich kann es auswendig. *Er beginnt zu singen*

> Hätt ich einen Wunsch frei,
> Ich wünscht' mir zweierlei:
> Daß mein Ranzen stets voll Brot und Speck,

Stets voll Schnaps die Flasche sei,
Zwei-drei-vier,
Daß mein Ranzen stets voll Brot und Speck,
Stets voll Schnaps die Flasche sei!

Ich muß sagen, das wäre nach meinem Geschmack: einen Ranzen zu haben, den man nicht leer fressen kann – und eine Flasche voll Schnaps, der nie alle wird ... Bei meinem Holzbein! Ihr könntet mir eigentlich was zu futtern geben – und was zu saufen vor allem. Wenn ich morgen schon sterben muß: warum laßt ihr mich heute Hunger und Durst leiden?
Man hört in der Ferne Wolfsgebell.
WOLKO *bellt den Häschern einen kurzen Befehl zu und eilt davon.*
MISCHA *tritt ans Gitter* Hast du verstanden, Hauptmann? Ich will was zu futtern haben – und einen Schnaps! Hamm-hamm und gluck-gluck.
Die Häscher stecken die Spieße durchs Gitter und knurren, Mischa zieht sich in seinen Winkel zurück.
Ja, ja doch! Man wird's wohl noch sagen dürfen, wenn einem der Magen knurrt – oder? Und wenn man Durst hat, ihr Hundeschnauzen, dreimal vermaledeiten!
Das Wolfsgebell aus der Ferne nähert sich, Mischa horcht auf.
Ich möchte bloß wissen, was das bedeuten soll ...
MASCHENKA *wird von Wolko und seinen Leuten hereingeschleppt* Laßt mir das Bündel – und laßt mir die Kanne! Nicht wegnehmen! Bitte, nicht wegnehmen!
WOLKO Du Maul halten, du gefangen.
MISCHA Großer-Gott-in-den-Wolken – ein Mädchen! Ich glaub, ich seh nicht recht! Was für Helden!
WOLKO *stößt Maschenka ins Verlies, Bündel und Kanne werden ihr nachgeworfen* Du gefangen, du morgen vor Wolfskönig. Er dich – krrr!
MISCHA *stellt sich vor Maschenka, während Wolko von außen das Gitter*

abschließt Ich muß schon sagen: das wird immer schöner, ihr Wolfsgelichter! Jetzt sperren die Hundesöhne sogar schon Mädchen ein ...

Schämt euch was, Dreckskerle, dreckige! Nicht genug, daß ihr einen ehrlichen, abgedankten alten Soldaten in dieses Loch steckt! Was hat euch das arme Ding denn getan?

WOLKO Du Maul halten. Du nur reden, wenn du gefragt.

MISCHA *tritt ans Gitter* Ich Maul halten? Ich dir was pfeifen, Hundsgesicht! Mädchen einsperren! *Er rüttelt am Gitter.*

Weißt du, verfluchte Wolfsseele, was ich möchte? Ich möchte euch allen den Buckel vollhauen, daß ihr zeitlebens nicht mehr gerade gehen könnt – so wahr ich ein alter Soldat bin und Mischa Holzbein heiße!

WOLKO *bellt einen Befehl.*

Die Häscher stecken die Spieße durchs Gitter, und wieder drängen sie Mischa in seinen Winkel.

MISCHA Bellt nur, ihr siebenmalsiebenmalsieben verfluchten Kläffer – das kann ich auch! *Er bellt zornig zurück.*

MASCHENKA *legt ihm die Hand auf die Schulter* Es hat keinen Zweck, wenn du sie beschimpfst.

MISCHA Aber es macht mir die Seele ein bißchen leichter, verstehst du? Der Mensch muß sich Luft machen, das ist auch was wert.

MASCHENKA Ich bin Maschenka aus dem Dorf mit dem kranken Brunnen. Und du?

MISCHA Mischa Holzbein. Zu schlecht für den Krieg – zu gut für den Frieden. Sie haben mich weggeschickt aus dem Regiment.

MASCHENKA Weil du ein Holzbein hast?

MISCHA Weil ich das Holzbein habe. Für Krüppel haben sie keinen Platz dort.

MASCHENKA Ich wollte mich übrigens noch bedanken, Mischa.

MISCHA Wofür?

MASCHENKA Daß du denen die Meinung gesagt hast.

MISCHA Man hat schließlich eine Ehre im Leib, nicht wahr? Und außerdem habe ich einen Bärenhunger – und Durst für zwölfe. Was hast du da in der Kanne?

MASCHENKA Die Kanne ist leer.

MISCHA Und im Bündel?

MASCHENKA Da habe ich Brot und Speck und ein bißchen Käse drin. Greif zu, wenn du hungrig bist!

MISCHA Großer-Gott-in-den-Wolken, das lasse ich mir nicht zweimal sagen! Danke, Maschenka, danke! *Er beginnt zu futtern.* Nun werde ich doch wahrhaftig noch einmal satt, bevor sie uns abmurksen ... Bloß – was machen wir gegen meinen Durst?

MASCHENKA Ich sorge dafür, daß wir hier herauskommen.

MISCHA Recht so, Mädchen – das nenne ich einen guten Spaß! Du sorgst dafür, daß wir was zu lachen haben ...

WOLKO Ihr Maul halten! Ihr gefangen, ihr nicht miteinander reden!

MASCHENKA *leise zu Mischa* Begreif doch, Mischa – ich sorge im Ernst dafür, daß wir freikommen: du und ich!

MISCHA Wie willst du das anstellen?

MASCHENKA *flüstert* Da – mit dem Wunschhölzchen aus der Schachtel. Drei hat mir Großmutter mitgegeben. Eins davon, denke ich, sollte mir unser Leben wert sein.

WOLKO *betritt das Verlies und schwingt die Knute* Ich sagen es euch zum letztenmal – ihr Maul halten, sonst ...

MASCHENKA *reißt ein Hölzchen an* Ich wünsche mir, daß wir beide – Mischa und ich – das Reich des Wolfskönigs frei und ungehindert verlassen können.

WOLKO *heult auf, die Knute entfällt ihm, er stürzt zu Boden.*

MISCHA Ich glaub fast, den hat der Schlag getroffen. Nicht schad um ihn!
Und draußen – die Kerle sind eingeschlafen. Wahrhaftig, die Hundeseelen! Da liegen sie auf der Nase und schnarchen wie fünfundachtzig Besoffene ...

MASCHENKA Rasch, Mischa! Weg von hier!

MISCHA Großer-Gott-in-den-Wolken! Wie hast du das bloß geschafft, Mädchen?

MASCHENKA Hast's ja gesehen, Mischa. Ritsch-ratsch! – Das war alles.
MISCHA Ich glaube, ich werd verrückt! Das Gitter offen, die Wächter schlafen. Bei meinem hölzernen Holzbein, wie ist das möglich?
Von fern ruft der Kuckuck.
MASCHENKA Frag mich nicht, Mischa. Wir müssen weg von hier! Laß uns eilen, bevor sie aufwachen.
MISCHA Und wohin jetzt?
MASCHENKA Wir folgen dem Ruf des Kuckucks, wohin er uns führen wird.
Sie treten ins Freie.
MISCHA *betrachtet die schlafenden Wächter* Warte noch einen Augenblick, Mädchen. Ich hab da noch eine Kleinigkeit zu erledigen.
Er nimmt den Wächtern die Spieße ab und bricht sie entzwei.
Wenn sie aufwachen, sollen sie staunen, die Mistkerle. Kricks und kracks! – Damit werden sie keinem Mädchen und keinem ehrlichen alten Soldaten mehr bange machen, verdammt noch mal!
Bevor er den letzten Spieß zerbricht, besinnt er sich eines anderen. Und den da – den letzten, nehme ich mit: Man kann ja nie wissen, Maschenka.
Der Kuckuck ruft.
MASCHENKA Hörst du den Kuckuck? Komm jetzt, wir dürfen uns nicht verweilen. Wer weiß denn, wie lang das Wunder anhält.
MISCHA *schultert den letzten Spieß* Recht hast du, Maschenka! Großer-Gott-in-den-Wolken, recht hast du!
Sie folgen dem Ruf des Kuckucks hinaus. Es wird rasch dunkel.

Drittes Bild

Ein heller, fröhlicher Laubwald mit Durchblick auf die in der Ferne drohenden Schwarzen Wälder, in denen der Wolfskönig herrscht.
Es ist Tag geworden, Mischa und Maschenka kommen herein. Sie sind müde, doch guter Dinge.

MISCHA Die Schwarzen Wälder hätten wir hinter uns. Hier kann uns der Wolfskönig nicht mehr ans Leder.
In der Ferne heulen die Wölfe.
MASCHENKA *fährt zusammen* Hörst du – jetzt sind sie aufgewacht.
MISCHA Wie sie heulen und jaulen! Der Wolfskönig wird sich vor Zorn in den eigenen Schwanz beißen. Gut so, bei meinem Holzbein, gut so!
Übrigens: dies ist ein schönes Plätzchen, Maschenka. Ob wir nicht eine Weile rasten sollten?
MASCHENKA Du weißt doch, daß ich zum goldenen Brunnen muß.
MISCHA Und du weißt, daß ich mit dir gehe. Weil du mich vor der Wolfsbrut gerettet hast. Aber ich denke, ein bißchen Schlaf wird dir guttun; es braucht ja nicht lang zu sein. Hinterher, du wirst sehen, marschiert es sich gleich noch mal so gut.
MASCHENKA *läßt sich auf dem Waldboden nieder* Recht hast du. Ich bin wirklich müde.
MISCHA Und ich bin hungrig, verdammt noch eins – das ist wirklich ein Kreuz mit mir.
MASCHENKA Nimm das Bündel, Mischa. Es ist noch ein Kanten Brot drin.
MISCHA Und du?
MASCHENKA Wenn ich geschlafen hab, pflück ich mir eine Handvoll Beeren – das reicht mir.
MISCHA Dann also schönen Dank, Mädchen. Wenn es auch bloß ein kleiner Kanten ist: besser, als wenn man am Daumen lutscht, ist er allemal.

Und wenn man hübsch langsam ißt und schön gründlich kaut, zählt das doppelt.
Ob du nicht doch einen Brocken magst?
MASCHENKA *schüttelt gähnend den Kopf* Iß nur – ich schlafe lieber.
MISCHA *beißt in den Brotkanten* Für mich ist das Essen wichtiger. Weil ich in meinem Soldatenleben schon viel gehungert hab.
Großer-Gott-in-den-Wolken, das wünsche ich meinem ärgsten Feind nicht – wie damals vor sieben Jahren im Winter. Ich glaube, es war vor Bjelgorod. Oder war's vor Kasan? Oder unten in diesem verdammten Steppennest – na, wie heißt es gleich?
Hol's der Teufel, das ist ja auch halb so wichtig. Ich wollte dir bloß erzählen, Maschenka, wie wir damals gehungert haben. Baumrinde hätten wir fressen mögen, Baumrinde! – Aber nicht einmal die gab's.
Damals, verstehst du, hat einer in unserem Regiment ein Lied gemacht. Das Lied vom Ranzen und von der Flasche, die niemals leer werden. Willst du es hören, Maschenka?
Er bemerkt, daß das Mädchen eingeschlafen ist. Schlaf du nur. Das ist besser als Hunger haben. *Er untersucht das Bündel.*
Das Brot ist weg, und das Bündel ist leer – da ist nichts zu machen. Was vorhin dort war, ist jetzt hier drin. *Er deutet auf seinen Bauch.* Oder sollte mir was entgangen sein? Hoppla, das greift sich hart an, da ist doch was ...
Ach, bloß die Schachtel mit ihren Wunschhölzchen. Wenn ich mir die so ansehe und meine eigenen Schwefelhölzchen daneben halte – dann finde ich keinen Unterschied. Nö. Überhaupt keinen.
Bloß sind das eben Wunschhölzchen da, die beiden – und meine nicht.
Maschenka dreht sich im Schlaf auf die andere Seite.
MISCHA *hat eines der Wunschhölzchen aus der Schachtel genommen und spricht mit ihm* Wenn ich mir vorstelle, du gehörtest mir ... Was meinst du wohl, was ich täte, Hölzchen?
Ich will es dir sagen.

Nein, vorsingen will ich dir's. Aber natürlich leise, daß Maschenka nicht gestört wird.
Das Lied hat ein Bursche in unserem Regiment gemacht. Hör gut zu, Hölzchen – es geht so ...
Während er singt, hält er das Streichholz an die Schachtel und tut so, als ob er es anrisse.

        Hätt ich einen Wunsch frei,
        Ich wünscht' mir zweierlei:
        Daß mein Ranzen stets voll Brot und Speck,
        Stets voll Schnaps die Flasche sei,
        Zwei-drei-vier,
        Daß mein Ranzen stets voll Brot und Speck,
        Stets voll Schnaps die Flasche sei!

Er hat das Hölzchen versehentlich angerissen. Nun fährt ihm der Schreck in die Glieder.
Großer-Gott-in-den-Wolken, Mischa – was hast du da bloß gemacht? Hast das Wunschhölzchen angerissen, du alter Freßsack, und einen Wunsch vertan!
Na, vielleicht hat er nicht gewirkt, vielleicht hat das alles gar nicht gegolten.
Ob ich mal in den Ranzen schaue?
Bei meinem hölzernen Holzbein: der Ranzen ist voll, da ist Brot drin – und Speck!
Und da in der Flasche ist Schnaps. Nicht schlecht, wie der riecht! Ich werde ihn mal versuchen ... *Er beginnt zu trinken.*
Ah, das tut gut! Und, beim dreimal geschwänzten Satan, es täte noch zwölfmal besser, wenn nicht die Sache mit diesem Hölzchen wäre! *Er trinkt fleißig weiter.*
Eigentlich hab ich's ja mehr aus Versehen getan, verdammt noch mal – aber trotzdem. Ich fürchte, ich werde es Maschenka sagen müssen. Obgleich ja ...

Er holt seine eigenen Streichhölzer wieder hervor. Wenn ich mir so meine eigenen Hölzchen begucke: wo ist da der Unterschied? Ob ich Maschenka eins davon in die Schachtel stecke? Dann merkt sie nichts, und ich brauche ihr nichts zu sagen. Vorläufig jedenfalls. Denn erfahren, bei meinem Holzbein! – erfahren muß sie es eines Tages doch. Und das wird nicht gerade ein Ehrentag für mich sein.
Er hat eines seiner Hölzchen in Maschenkas Schachtel gelegt, nun stutzt er.
Ich werde mir in mein eigenes Hölzchen ein Zeichen machen – ganz leicht, mit dem Daumennagel. Damit ich es wiedererkenne. *Er ist ziemlich betrunken.* Man kann ja nie wissen, Bruder ... Man kann das nie wissen, auf dieser verdammten Welt ...
Von ferne singt eine Nachtigall.

MASCHENKA *reibt sich die Augen* Mischa! Wo bist du, Mischa?
MISCHA *hat sich gegen einen Baumstamm gelehnt, er schnarcht.*
MASCHENKA *versucht ihn wachzurütteln* Hörst du nicht, Mischa? Aufwachen! Es ist Tag, und die Nachtigall singt!
MISCHA Laß sie doch singen, Maschenka. Laß sie singen.
MASCHENKA *rümpft die Nase* Du bist doch nicht etwa betrunken, Mischa? Wo hast du den Schnaps her!
MISCHA Den Schnaps da? Den – hab ich aus meiner Flasche.
MASCHENKA Ist die nicht leer gewesen?
MISCHA Das siehst du ja, daß sie voll ist. Magst du mal kosten?
MASCHENKA Du hast schon zuviel gekostet, fürchte ich. Auf jetzt, wir müssen weiter! Die Nachtigall wird uns den Weg weisen.
MISCHA *er rappelt sich mühsam* Schön. Wenn du meinst, daß wir gehen müssen – dann gehen wir. Und du bist mir nicht böse, Maschenka?
MASCHENKA Ich? Wieso böse?
MISCHA Ach, weißt du – das ist eine blöde Geschichte. Ich hab nämlich ... Ich erzähl dir das später mal, einverstanden? Wenn du mir bloß nicht böse bist, das genügt mir schon. – Aber was hast du denn?

MASCHENKA *tastet ihr Bündel ab* Ich sehe bloß nach der Schachtel. Kann sein, daß wir bald wieder eins von den Wunschhölzchen brauchen werden.
Es kann nicht mehr weit sein, dann kommen wir in den Nebelwald zu den bösen Schraten.
MISCHA Findest du nicht, daß wir lieber umkehren sollten?
Die Nachtigall singt.
MASCHENKA Ach, Mischa – du weißt doch, daß ich zum goldenen Brunnen muß.
MISCHA Das weiß ich. Und du weißt, Maschenka, daß ich dich nicht im Stich lasse – komme, was kommen mag.
Sie folgen dem Lied der Nachtigall hinaus. Es wird rasch dunkel.

Viertes Bild

Im Nebelwald, mit der nach vorn offenen Hütte des Waldschrats, die vorerst von Nebelschwaden verhüllt ist.
Die Schrate huschen im Wald umher. Sie sind zugleich drollig und furchterregend. Ihre Sprache klingt bald wie Eulenschrei, bald wie das Grunzen von Wildschweinen.

SCHRÄTZEL *ein kleiner, ausgelassener Waldschrat im Kindesalter* Onkelchen! Onkelchen, fang mich doch! Fang mich – du kriegst mich nicht!
ONKELCHEN *ein alter, ausgewachsener Waldschrat* Wart nur, du kleines Schrätzel – dich krieg ich schon! Und dann sollst du mal sehen, wie ich dich bei den Ohren nehme!
SCHRÄTZEL Du kriegst mich nicht, Onkelchen! Ätsch, du kriegst mich nicht!
ONKELCHEN Abwarten, abwarten – gleich erwisch ich dich!
SCHRÄTZEL *läßt ihn herankommen* Soll ich ein bißchen warten, Onkelchen?
ONKELCHEN Ach, du verflixte Rotznase, du verflixte – jetzt reicht mir's aber!
Der Kleine duckt sich, Onkelchen purzelt über ihn hinweg. Sie balgen sich lachend auf dem Waldboden – ohne zu merken, daß Tantchen hereinkommt.
TANTCHEN *ein altes, zottiges Schratweib* Heda, ihr beiden Nichtsnutze! Wollt ihr wohl aufhören, euch zu balgen? Husch, auseinander, sage ich – auseinander!
SCHRÄTZEL Ach, Tantchen – wer wird denn gleich böse werden!
TANTCHEN Auf dich bin ich nicht böse, Schrätzel – aber auf ihn da. – Du alter, ausgewachsener Popanz von einem Waldschrat! Hast du es nötig, daß du dich wie ein kleiner Junge aufführst!
ONKELCHEN Ich hab ja bloß Spaß gemacht, Tantchen.

TANTCHEN Spaß-gemacht-Tantchen-Spaß-gemacht... Heb mal die Nase, Onkelchen! Riechst du nichts?
ONKELCHEN Donnerwetter, das riecht ja... Das riecht ja nach Menschenfleisch, Tantchen!
SCHRÄTZEL Nach Menschenfleisch, Onkelchen? – Wie riecht Menschenfleisch?
ONKELCHEN Dreh dich in diese Richtung, mein Kleiner – und jetzt zieht die Luft ein, ganz fest...
SCHRÄTZEL *schnuppert und stutzt* So riecht Menschenfleisch, Onkelchen?
ONKELCHEN So riecht Menschenfleisch, Schrätzel.
TANTCHEN Zwei sind es, die da kommen: ein alter Kracher mit einem Hinkefuß – und ein Bauernmädchen mit einem Bündel und einer Wasserkanne.
SCHRÄTZEL Was tun wir mit ihnen, Onkelchen?
ONKELCHEN Wir locken sie in die alte Waldhütte, he-he-he-he!
TANTCHEN Und lassen sie darin totfrieren, hi-hi-hi-hi!
SCHRÄTZEL Wie macht man das, jemanden in die Hütte locken?
ONKELCHEN Das macht man ganz einfach. Wir krähen ein bißchen und meckern ein bißchen...
TANTCHEN Wir bellen wie Hunde...
ONKELCHEN Wir blöken wie Schafe.
TANTCHEN Dann werden sie meinen, ein Bauerndorf sei in der Nähe.
ONKELCHEN Und werden genau dorthin gehen, wo wir sie haben wollen. So macht man das, Schrätzel.
TANTCHEN Und es wird höchste Zeit für dich, das zu lernen. Hi-hi-hi-hi!
Die Waldschrate huschen davon.
MISCHA *tastet sich mit dem Spieß durch den Nebelwald, während sich Maschenka ängstlich an seinem Ranzen festhält* Der Nebelwald macht seinem Namen wahrhaftig Ehre. Bei meinem Holzbein! – So was von Nebel hab ich in meinem ganzen Leben noch nicht gesehen: das ist ja die reinste Buttermilchsuppe. Hoffentlich finden wir jemals wieder ins Freie hinaus!

MASCHENKA Die Nachtigall wird uns führen, Mischa.
MISCHA Die Nachtigall. – Merkst du nicht, daß ihr Lied immer leiser klingt, je tiefer wir in den Wald kommen? Oder liegt das an meinen Ohren?
Die Nachtigall singt in der Ferne, es klingt sehr gedämpft.
MASCHENKA Da ist sie wieder. Ich wußte ja, daß sie uns nicht im Stich läßt. Wir sollten uns mehr nach links halten, Mischa.
Von rechts kräht ein Hahn.
MISCHA Nanu – was war das denn? Ich laß mich von Türken und Heiden in Stücke hacken, wenn das kein Hahn war ... Hörst du – da kräht er wieder!
MASCHENKA Er wird sich, wie wir, im Nebel verirrt haben, Mischa.
MISCHA Das glaub ich nicht. Wo ein Hahn kräht, da sind auch Hühner, nicht wahr? Und wo Hühner sind, da sind Menschen.
Von rechts ist Hundegebell zu hören.
Und Hunde, Maschenka, Kühe, Schweine und Schafe. Mit anderen Worten: da muß ein Dorf in der Nähe sein, und da müssen wir schleunigst hin!
Links singt die Nachtigall.
MASCHENKA Und die Nachtigall, Mischa? Sie ruft von dort drüben – hörst du sie nicht?
MISCHA Großer-Gott-in-den-Wolken, Mädchen – natürlich hör ich sie.
Aber jetzt gehen wir erst mal ins Dorf, und dann sehen wir weiter. Kein ehrlicher alter Soldat würde anderswohin gehen, wenn er an meiner Stelle wäre. Das laß dir von mir gesagt sein.
Der Nebel lichtet sich, die Hütte wird sichtbar.
MASCHENKA Sieh mal – da ist ein Haus.
SCHRÄTZEL *taucht hinter dem Giebel der Hütte auf und kräht.*
ONKELCHEN *schaut um die eine Ecke der Hütte und bellt.*
TANTCHEN *schaut um die andere Ecke und muht.*
MISCHA Hab ich dir's nicht gesagt? Da ist Vieh – und wo Vieh ist, sind Leute. Mal sehn, ob jemand daheim ist. *Er klopft an die Tür.*

Die Schrate haben sich hinter der Hütte versteckt, sie antworten mit verstellter Stimme.
ONKELCHEN Klopft da nicht jemand an unsere Tür?
TANTCHEN Wer klopft da?
MISCHA Zwei ehrliche Wandersleute, die sich im Nebel verirrt haben. Dürfen wir reinkommen?
ONKELCHEN Wollen wir sie hereinlassen, Tantchen?
TANTCHEN Kommt rein! Aber daß ihr mir keinen Dreck in die gute Stube tragt!
Mischa und Maschenka treten sich an der Tür die Schuhe ab.
MISCHA Keine Sorge, Hausfrau, wir passen schon auf.
Er flüstert Maschenka zu Soll ich dir mal was sagen? Das ist ein richtiger Putzteufel, die da drin.
MASCHENKA Solang sie nicht deine Frau ist, kann dir das gleich sein.
MISCHA Da hast du auch wieder recht. *Sie betreten die Hütte und blicken sich um.*
Bei meinem Holzbein, Maschenka! – Wenn das 'ne gute Stube sein soll, dann bin ich der Sultan von Samarkand.
ONKELCHEN *erscheint in der Tür* Willkommen, ihr beiden. Gefällt euch wohl nicht bei uns?
MISCHA Das – habe ich nicht gesagt.
ONKELCHEN Ist mir auch einerlei. Hierbleiben müßt ihr trotzdem.
TANTCHEN *erscheint am Fenster* Und zwar für immer!
SCHRÄTZEL *guckt ihr über die Schulter* Weil ihr uns in die Falle gegangen seid – kikerikiiiii!
ONKELCHEN *schlägt von draußen die Tür zu* Und weil ich euch jetzt hier einsperre, Menschenpack. Wau-wau-wau-wau!
MASCHENKA Das sind Schrate!
MISCHA Ich Rindvieh! Wir sind ihnen auf den Leim gegangen. Vielleicht läßt sich die Tür aufbrechen. Wozu habe ich meinen Spieß?
Die Schrate huschen außen um die Hütte.
ONKELCHEN Spar dir die Mühe, Hinkebein! Fenster und Türen sind zugehext, da kommt keiner raus.

MISCHA *zu Maschenka* Sieh dir das an – nichts zu machen mit der verdammten Tür!
TANTCHEN Und jetzt paßt mal gut auf, ihr beide. Wißt ihr, was wir uns für euch ausgedacht haben?
ONKELCHEN Wir lassen euch in der Hütte totfrieren, durch und durch totfrieren!
MISCHA Alberne Sprüche, Maschenka – darauf darfst du nichts geben.
ONKELCHEN Ich lasse es kalt werden, kalt-kalt-kalt, daß ihr frieren sollt bis ins Mark hinein!
TANTCHEN Und ich lasse es schneien, ich lasse es schneien, schneien!
SCHRÄTZEL *fragt mit leiser Stimme* Und ich? Was soll ich tun, Onkelchen?
ONKELCHEN *antwortet flüsternd* Du bläst Wind in die Hütte – Eiswind!
SCHRÄTZEL *laut* Ich blase Eiswind! Durch Ritzen und Fugen blase ich Eiswind zu euch hinein – hui-hui-huiii!
Ein Schneegestöber hat eingesetzt, vom Dach der Hütte wachsen Eiszapfen herab, Mischa und Maschenka beginnen zu frieren.
MASCHENKA Es wird immer kälter, Mischa. Ich fürchte, hier kommen wir nicht mehr weg. Ob wir nicht eines von meinen Hölzchen ...?
MISCHA Von meinen, Maschenka! Diesmal, verstehst du, tun es gewöhnliche Hölzchen auch.
Dort ist der Ofen – und da ist Holz ... *Er zerschlägt einen Hocker.* Nun wollen wir doch mal sehen, ob wir's hier drin nicht warm kriegen! Ich verstehe mich nämlich aufs Feuermachen, verstehst du, weil ich ein alter Soldat bin. Und wenn wir den ganzen Hausrat verfeuern müssen, beim Teufel und seinen drei Schwänzen aus Pech und Schwefel – erfrieren werden wir hier gewiß nicht!
Mit einem seiner eigenen Schwefelhölzchen steckt er das Holz im Ofen an, aus dem Schornstein steigt Rauch.
SCHRÄTZEL *deutet aufgeregt hinauf* Onkelchen, Onkelchen! Guck mal, dort qualmt es!

TANTCHEN Jetzt haben sie Feuer angemacht in der Hütte! Der Hinkefuß ist nicht dumm.
ONKELCHEN Und ich auch nicht, Tantchen! *Er steigt auf das Dach der Hütte.* So schlau wie der bin ich allemal – bloß ein bißchen schlauer.
MISCHA Merkst du schon, wie es warm wird, Mädchen? Bald werden wir hier noch schwitzen, verlaß dich drauf.
Er schlägt einen zweiten Hocker entzwei. Wir müssen bloß tüchtig nachschüren.
SCHRÄTZEL Tantchen, Tantchen! Was tut Onkelchen auf dem Dach, beim Schornstein?
ONKELCHEN Na – was wohl, Kleiner? Ich setz mich mit meinem breiten Hintern drauf – und aus ist es mit dem Feuer im Ofen, hö-hö-hö-hööö!
Onkelchen setzt sich auf den Schornstein: Der Rauch schlägt zurück in die Stube, das Feuer erstickt.
MISCHA Zum Teufel, das darf nicht wahr sein – der Ofen hat keinen Zug mehr. Pusten wir, Maschenka, pusten wir!
Sie versuchen, das Feuer anzublasen.
MASCHENKA Das ist ja, als ob einer auf dem Schornstein säße...
ONKELCHEN Da sitzt er auch, daß du's nur weißt – und da geht er auch nicht mehr runter, he-he-he-heee!
TANTCHEN Gut gemacht, Onkelchen, gut gemacht! Und nun Wind hinein, Schrätzel – Eiswind, Eiswind! Hu-huiii! Hu-huiii!
MASCHENKA Entsetzlich, Mischa. Ich trau mich kaum noch zu atmen, so kalt ist mir...
MISCHA Nur den Mut nicht verlieren, Maschenka, nur den Mut nicht verlieren!
Wir müssen versuchen, uns warm zu halten. Am besten geht das, wenn man herummarschiert und dabei mit den Armen schlägt. Ich werd uns eins singen, Mädchen, Singen, bei allen Türken und Heiden, ist nie das Schlechteste, glaub mir das.
Während sie in der Hütte herummarschieren, singt er

> In den großen Krieg sind wir gezogen,
> Sieben Brüder warn wir an der Zahl.
> Haben keck und tapfer uns geschlagen
> Für den Zaren und für unsern –
> Hol's der Teufel!
> Haben keck und tapfer uns geschlagen
> Für den Zaren und den General.

MASCHENKA Ich weiß nicht, Mischa – die Kälte ist gar zu grimmig, ich kann nicht mehr ... *Sie läßt sich auf einen Hocker fallen.*

ONKELCHEN *guckt durch den Schornstein* Seht ihr, ich hab's ja gesagt: es kann nicht mehr lange dauern, da sind sie hin!

MISCHA *nimmt einen Schluck aus der Flasche* Maschenka! Willst du wohl aufstehen, Mädchen! Du darfst nicht einschlafen. Nimm einen Schluck aus der Flasche, das wird dich aufwärmen.

MASCHENKA *trinkt nach kurzem Zögern* Ah, das tut gut – und macht müde, Mischa.

MISCHA Ach was, das macht warm und sonst nichts – wenn du was im Magen hast. Warte, ich schneide dir ein Stück Speck ab.

MASCHENKA Woher hast du plötzlich Speck?

MISCHA Das ist eine lange Geschichte, Maschenka, die erzähl ich dir später mal.
Er versucht, ein Stück Speck abzuschneiden. Öha, zum Donnerwetter – was ist mit dem Speck los? Gefroren ist er zu Stein und Bein. Mit dem kannst du Nägel einschlagen! *Er klopft mit der harten Speckseite auf den Tisch.* Da hilft alles nichts, laß uns weitermarschieren, Maschenka. Vorwärts, marsch! *Er marschiert und singt*

> Sechs von uns sind vor dem Feind geblieben,
> Weh und ach, ihr Brüder jung und stolz!
> Ich allein bin übrig von den sieben,
> Doch mein linkes Bein, das ist von –
> Hol's der Teufel!

Ich allein bin übrig von den sieben,
Doch mein linkes Bein, das ist von Holz.

Während er weitermarschiert, gibt Maschenka auf: sie sinkt auf dem Hocker zusammen und läßt den Kopf hängen.
MASCHENKA Mischa, ich kann nicht mehr – ich kann wirklich nicht mehr. Wer soll das aushalten?
MISCHA Großer-Gott-in-den-Wolken! – Ich hänge dir meinen Rock um, Mädchen... Aufstehen, Maschenka, aufstehen, sonst erfrierst du mir!
MASCHENKA *deutet auf ihr Bündel* Nimm das Hölzchen, Mischa – es wird uns retten...
ONKELCHEN *guckt durch den Schornstein* Gleich sind sie soweit, heheee, gleich schlafen sie ein...
TANTCHEN Und werden zu Eiszapfen, hi-hi-hi-hiii!
MISCHA Ich fürchte, wir sind am Ende. – Gut, wenn es sein muß, will ich das Hölzchen anreißen.
Er öffnet die Schachtel.
Das ist meins – das ist ihres. In Gottes Namen!
Er reißt das Hölzchen an.
Ich wünsche mir, daß wir beide, das Mädchen und ich, den Nebelwald frei und ungehindert verlassen können!
Die Waldschrate kreischen auf.
ONKELCHEN Beim Teufel und seiner Großmutter, Tantchen – wie wird mir?
TANTCHEN Das geht nicht mit rechten Dingen zu, Onkelchen – das ist Zauberei!
SCHRÄTZEL *beginnt zu plärren* Onkelchen! Tantchen! Ich hab... überhaupt keine... Puste mehr...
ONKELCHEN Weg von hier, Schrätzel, weg von hier!
TANTCHEN Das ist Zauberei, Schrätzelchen, das ist Zauberei!
Die Schrate stieben davon, es hört auf zu schneien, die Eiszapfen fallen vom Dach der Hütte, die Sonne scheint in den Nebelwald.

MASCHENKA Mischa – das Wunschhölzchen hat seine Wirkung getan: mir wird richtig warm. Das tut gut, das ist besser als alles Singen und Schnapstrinken.
MISCHA *öffnet die Tür der Hütte* Die Sonne scheint draußen, Mädchen – wir sind gerettet! Gerettet sind wir!
Die Nachtigall singt in der Ferne.
MASCHENKA Die Nachtigall, Mischa. Eilen wir, daß wir zum goldenen Brunnen unter der gläsernen Linde kommen: es kann nicht mehr weit sein.
MISCHA Zum goldenen Brunnen, Maschenka. – Soll ich dir etwas sagen? Wir sollten umkehren. Jetzt und hier.
MASCHENKA Hast wohl Angst bekommen, du tapferer alter Krieger?
MISCHA Du weißt ja – der doppelköpfige Drache dort, das gefräßige Ungeheuer. Der Bursche macht happs – und schon ist es um dich geschehen. Wär schad um dich.
MASCHENKA Vergiß nicht, daß wir das dritte Hölzchen haben, das Wunschhölzchen! Damit werden wir auch mit dem doppelköpfigen Drachen fertig.
Die Nachtigall singt.
MISCHA Wenn du auf mich hörst, Maschenka, läßt du's bleiben. Du mußt nämlich wissen ...
MASCHENKA Ich weiß nur eines: Der Brunnen in unserem Dorf ist krank, und ich muß ihn heilen. Denk doch an Großmutter, Mischa. Denk an die Leute bei uns daheim, wie sie dürsten müssen. Und an das arme Vieh, das nach Wasser lechzt.
Sie folgt dem Lied der Nachtigall.
MISCHA Maschenka, Maschenka! Diesem Mädchen ist nicht zu helfen. – Wie ich es ihr nur beibringe, daß sie kein drittes Hölzchen hat ...
MASCHENKA Magst du nicht kommen, Mischa? Dann gehe ich eben allein zum goldenen Brunnen unter der gläsernen Linde.
MISCHA Bei meinem Holzbein! – Warte doch, Maschenka, warte:

Ich komm ja schon – ich komm trotzdem mit! Weil ich ein ehrlicher, abgedankter alter Soldat bin. Und weil ich nicht daran schuld sein will, daß der Brunnen in deinem Dorf kein Wasser gibt.
Er humpelt Maschenka nach, die sich nach links entfernt hat. Es wird rasch dunkel.

Fünftes Bild

Am goldenen Brunnen unter der gläsernen Linde. Rechts davor die Höhle des doppelköpfigen Drachen, links ein paar Felsblöcke.
Während die Blätter der gläsernen Linde im Wind zu klingen beginnen, wird es hell. Das Licht geht vom goldenen Brunnen aus und verbreitet sich in die Runde. Schließlich erreicht es den doppelköpfigen Drachen in seiner Höhle. Das leise Klingen der Linde wird vom Gesang der Nachtigall übertönt.

PIMPUSCH Es ist Tag – und die Nachtigall schlägt auf der gläsernen Linde? Das bringt nichts Gutes ...
Er wendet sich an den zweiten Drachenkopf, der gerade schläft He, Bruder Pampusch! Aufgewacht, Bruder – die Nachtigall!
PAMPUSCH Laß mich schlafen, Pimpusch! Ich wecke dich auch nicht auf, wenn du Schlafzeit hast.
PIMPUSCH Aber die Nachtigall, Pampusch – hörst du sie nicht?
PAMPUSCH Das ist gegen die Abmachung, wenn du mich mitten in meiner Schlafzeit weckst.
Jetzt hältst du die Wache. Wenn deine Wache um ist, dann wache ich. Immer abwechselnd, hübsch der Reihe nach.
PIMPUSCH Aber die Nachtigall!
PAMPUSCH Laß sie schlagen, zum Kuckuck, und stör mich nicht. Ich hab Anspruch auf meine volle Schlafzeit, verstanden? Anspruch!
PIMPUSCH Na ja, du magst recht haben, Bruder Drachenkopf. Schließlich genügt es, dich aufzuwecken, wenn wirklich jemand dem goldenen Brunnen zu nahe kommt. Bis dahin reicht es, wenn einer von uns die Wache hält.
Er beginnt zu singen

> Ein Drache sind wir
> Und haben zwei Köpfe:
> Einer schläft,

> Und der andere wacht.
> Niemand darf sich
> Dem Brunnen nähern –
> So ist es zwischen uns
> Abgemacht,
> Niemand darf sich
> Dem Brunnen nähern –
> So ist es zwischen uns
> Abgemacht.

PAMPUSCH *unterbricht ihn gähnend* Kannst du nicht, wenn du schon singen mußt, Bruder Pimpusch, ein bißchen leiser singen? Sonst kann ich nicht einschlafen.

PIMPUSCH Aber ja, Bruder Pampusch, gerne – ich kann auch ein bißchen leiser singen. *Er singt weiter*

> Ein Drache sind wir
> Und haben zwei Köpfe:
> Einer von uns hält
> Immer die Wacht.
> Ich bin der Pimpusch,
> Er ist der Pampusch –
> So ist es zwischen uns
> Abgemacht.

Mischa Holzbein und Maschenka tauchen im Schutz der Felsen auf.

MASCHENKA Die gläserne Linde, Mischa! Wie ihre Zweige leuchten – und wie die Blätter im Winde klingen ...

MISCHA Und dort glotzt der doppelköpfige Drache aus seiner Felsenschlucht! Zieh den Kopf ein, Mädchen, damit er uns nicht entdeckt!

Sie ducken sich hinter die Felsen.

PIMPUSCH Pampusch, wach auf! Da ist was, Bruder – da rührt sich was in den Felsen ...

PAMPUSCH Was wird das schon sein! *Er gähnt.*
PIMPUSCH Ich weiß nicht. Dort drüben war es, da hat was gewispert.
PAMPUSCH Dummkopf von einem Drachenschädel! Solange du bloß was wispern hörst... Sehn mußt du etwas, Pimpusch, bevor du mich aufweckst – sehen!
MASCHENKA Was für ein gräßliches Ungeheuer! Gleich sollst du erleben, Mischa, wie ich dem Scheusal den Garaus mache.
Damit reißt sie das dritte Hölzchen an.
Ich wünsche mir, daß die Erde den doppelköpfigen Drachen verschlingt!
PIMPUSCH Da war doch was... Da hat jemand geredet, Pampusch – das war eine Menschenstimme...
MASCHENKA *faßt sich bestürzt an den Kopf* Das Wunschhölzchen hat nicht gewirkt. Kannst du dir das erklären, Mischa?
MISCHA Ich fürchte, das kann ich. – Du darfst mir nicht böse sein, Maschenka.
MASCHENKA Was ist los mit dir? Warum stotterst du?
MISCHA Weil ich... Ich habe versehentlich, weißt du... Versehentlich hab ich eins von den Hölzchen angerissen, während du schliefst.
MASCHENKA Ist das wahr, Mischa?
MISCHA Das ist leider wahr. Ich hab mir gewünscht, daß mein Ranzen immer voll Brot und Speck – und die Flasche immer voll Schnaps sei. Bei meinem hölzernen Holzbein: das ist die Wahrheit, Maschenka.
MASCHENKA Aber ich muß doch... Sie warten daheim auf das Wasser vom goldenen Brunnen, Mischa! Großmutter wartet darauf, und die anderen Leute im Dorf und das arme Vieh. Nun ist alles umsonst gewesen, alles umsonst.
MISCHA Trotzdem! Es gibt vielleicht einen Weg für dich, der zum goldenen Brunnen führt.
MASCHENKA Es gibt keinen, Mischa – keinen am doppelköpfigen Drachen vorbei.

PIMPUSCH Da ist doch was! Sind das nicht Menschenstimmen?
MASCHENKA Ach, Mischa – was hast du bloß angerichtet.
MISCHA Ich weiß es, Maschenka, und ich schäme mich bis auf die Knochen dafür. Das hätte ich dir nicht antun dürfen.
MASCHENKA Ach, Mischa, Mischa – so nah am Ziel, und alles vergebens.
PIMPUSCH Was wispert... Was wispert... Was wispert da in den Felsen herum?
MISCHA *für sich* Und wenn ich mich – fressen lasse? *Entschlossen zu Maschenka* Ich lasse mich von ihm fressen, Mädchen! Dann ist er für eine Weile mit mir beschäftigt, und du kannst an ihm vorbei. Wenn du das Wasser vom goldenen Brunnen geschöpft hast, bist du in Sicherheit.
Schließlich bin ich es, der daran schuld ist, daß dir das dritte Hölzchen fehlt.
MASCHENKA Das kannst du nicht machen, Mischa!
MISCHA Das kann ich, du wirst schon sehen. Wenn ich auch bloß ein abgedankter alter Soldat bin, ich mag mich nicht lumpen lassen. Bei meinem Holzbein, Maschenka!
Er humpelt auf den Draachen los.
MASCHENKA Mischa! Bleib da, Mischa Holzbein, ich bitte dich!
MISCHA Holla, du siebenmalsiebenundsiebzig verfluchter Drache – siehst du mich?
Ich bin Mischa Holzbein.
Wenn du mich fressen willst, friß mich! Ich werd dir so schwer wie möglich im Magen liegen, du Ungeheuer!
PIMPUSCH Ein Hinkebein! Meiner sechse – ein Hinkebein! Mit solch einem alten Knaster wie dir werd ich ganz alleine fertig, da brauche ich nicht einmal meinen Bruder Pampusch zu wecken – da mache ich einmal happs, und schon ist es aus mit dir!
MASCHENKA *bleibt im Schutz der Felsen* Mischa! Das darfst du nicht tun! Zurück, Mischa, nimmt Vernunft an!
PIMPUSCH Komm näher, Hinkebein! Komm nur, komm... Hast wohl Angst vor mir?

MISCHA *ist auf halbem Weg stehengeblieben* Großer-Gott-in-den-Wolken, da magst du recht haben. Angst hab ich nicht zu knapp vorm Gefressenwerden.
Er entkorkt die Flasche. Ich trink mir ein bißchen Mut an, dann geht es leichter.
PIMPUSCH Was hast du da, Unglücksrabe? Das ist doch nicht etwa Schnaps, was du da in der Flasche hast?
Sag die Wahrheit!
Seit dreihundertfünfzig Jahren habe ich keinen Schnaps mehr getrunken. Her mit dem Fläschchen, Hinkebein – her damit!
MISCHA Läßt du mich dann am Leben?
PIMPUSCH Ich werde dich etwas schneller fressen, damit es dir nicht so weh tut. Aber zuvor die Flasche her!
MISCHA Soll das ein Wort sein?
PIMPUSCH Mein großes doppelköpfiges Drachenwort. Her damit!
MISCHA Kannst du fangen? *Er wirft ihm die Flasche zu.*
MASCHENKA Mischa! Ich bitte dich tausendmal – komm zurück!
PIMPUSCH *setzt die Flasche an und tut einen tiefen Zug* Pfui Teufel, das schmeckt aber, was du da in der Flasche hast, das schmeckt aber! Ja, das schmeckt. Und wieviel da drin ist! Das ist ja nicht leer zu kriegen, das Ding!
Er weckt Pampusch. Rate mal, Bruder Drachenkopf, was das ist. Ich halte dir's unter die Nase.
PAMPUSCH *erwacht und beginnt zu schnuppern* Das ist ja ... Ist das nicht Schnaps, was mir da in die Nüstern steigt? Her damit, Bruder Pimpusch, her damit!
Er entreißt Pimpusch die Flasche und trinkt.
Seit dreihundertdreißig Jahren der erste Schnaps, Bruder – oder seit dreihundertvierzig?
PIMPUSCH Seit dreihundertfünfzig, Bruder. Aber genug jetzt, der ist nicht für dich allein! Laß mir auch was übrig!
Er entreißt Pampusch die Flasche und trinkt.
PAMPUSCH Das könnte dir wohl so passen, Pimpusch! Sauf mir gefäl-

ligst nicht alles weg! Ich hab auch Durst, ich will meinen Anteil haben!
Er entreißt Pimpusch die Flasche und trinkt.
PIMPUSCH Nicht alles, Bruder, nicht alles! Schön halbe-halbe, beim Satan!
Die Flasche geht hin und her.
Dies für den lieben Pimpusch!
PAMPUSCH Und das für den lieben Pampusch!
PIMPUSCH Und wieder für mich!
PAMPUSCH Und für mich den Rest!
PIMPUSCH Ich sag dir's im guten, Bruder – wenn du so weitersäufst, werd ich böse!
Mischa und Maschenka beobachten gespannt, wie der Streit zwischen den Drachenköpfen zusehends heftiger wird.
MASCHENKA Bei allen Heiligen, Mischa!
MISCHA Still Mädchen, laß sie saufen. Das nimmt seinen Lauf.
PAMPUSCH Pimpusch, ich warne dich!
PIMPUSCH Willst du mir drohen, Pampusch?
PAMPUSCH Hu, du betrügst mich!
PIMPUSCH Dir zeig ich's, wer wen betrügt! Glaubst du, ich lasse mich übers Ohr hauen? Sieh dich vor, du!
Sie verbeißen sich ineinander mit Zähnen und Klauen.
PAMPUSCH Das sollst du mir büßen, verdammter Drachenkopf!
MISCHA Merkst du was, Maschenka?
PIMPUSCH Wenn du Streit willst – den kannst du haben, Pampusch! Ich beiß dich tot, wenn du sie nicht hergibst!
PAMPUSCH Du bist ja besoffen, Pimpusch!
PIMPUSCH Du vielleicht nicht! Ich werd dir beweisen, wer hier besoffen ist!
Während sie gröhlend miteinander kämpfen, nimmt Mischa seinen Vorteil wahr.
MISCHA Den Spieß her, Maschenka – rasch den Spieß her! Jetzt habe ich leichtes Spiel mit dem Ungeheuer!

Bei meinem Holzbein, jetzt geht es euch an den Kragen, ihr Drachenköpfe – jetzt mach ich Schluß mich euch!
Er stürmt mit gefälltem Spieß auf den Drachen los und durchbohrt ihn.
Damit hast du wohl nicht gerechnet, Doppelkopf, wie? Hinab in die Schlucht mit dir! Großer-Gott-in-den-Wolken, hinab in die Schlucht mit dir!
Der doppelköpfige Drache bäumt sich noch einmal auf und stürzt in die Tiefe.

MASCHENKA Mischa! Du hast ihn getötet, Mischa!

MISCHA Bei meinem Holzbein, Maschenka – der ist hin, der frißt keinen mehr.
Nun kannst du zum goldenen Brunnen gehen und deine Kanne füllen.
Geh schon – der Weg ist frei.

MASCHENKA *geht zum Brunnen* Ich kann dir nicht sagen, Mischa, wie dankbar ich dir für alles bin.

MISCHA *sieht ihr zu, wie sie die Kanne füllt* Laß gut sein, Mädchen, wir haben Glück gehabt. Glück muß man haben.

MASCHENKA *reicht ihm einen Becher voll Wasser* Und gute Freunde, Mischa, die einen nicht im Stich lassen.

MISCH Wie man's nimmt, wie man's nimmt.
Während er trinkt, zeigt es sich, daß das Wasser im Becher leuchtet.
Jedenfalls freut es mich, daß die Sache trotz allem zu einem guten Ende gekommen ist. Nun kannst du mit deiner Kanne ins Dorf zurückkehren und den Brunnen heilen.

MASCHENKA *trinkt nun auch aus dem leuchtenden Becher* Und du, Mischa? Magst du nicht mitkommen? Du hättest bei uns im Dorf eine Heimat, und alle würden dich gern haben.

MISCHA *winkt ab* Ich weiß nicht, Mädchen. Das freie Leben die Landstraße auf und ab ist mir lieber, ich passe wohl nicht zu euch. Die Flasche zwar: meine Feldflasche, die nicht leer wird, ist weg – die liegt in der Drachenschlucht. Aber ich hab ja noch meinen Ranzen voll Brot und Speck, das ist auch was wert.

MASCHENKA Heißt das ...?
MISCHA *hat sich unter der gläsernen Linde niedergelassen und beginnt zu futtern* Das heißt, daß ich nie mehr Hunger zu leiden brauche, mein Lebtag nicht. Geh nach Hause, Maschenka. Geh mit dem Wasser vom goldenen Brunnen nach Hause – und Gott behüte dich.
Maschenka zögert.
Großer-Gott-in-den-Wolken! Verstehst du nicht, was ich meine? Leb wohl und komm gut nach Hause!
MASCHENKA Leb wohl, Mischa Holzbein. Ich werde dich nicht vergessen.
MISCHA Und ich? Ich dich auch nicht, Mädchen.
Die Nachtigall singt.
MASCHENKA *wendet sich zum Gehen* Was meinst du wohl, wie sich Großmutter freuen wird – und die Leute bei uns im Dorf. Alle werden sich freuen und werden dir dankbar sein, wenn ich ihnen von dir erzähle.
Während Mischa Holzbein damit beschäftigt ist, Brot und Speck zu essen, geht sie davon und singt

>Unser Brunnen war versiegt,
>Wollt kein Wasser geben.
>Ach, wie sollten Mensch und Vieh
>Ohne Wasser leben?
>
>Wasser, Wasser bringe ich,
>Bring es euch, ihr Leute,
>Daß der Brunnen wieder fließt:
>Freude über Freude.

Alles Licht versammelt sich auf Maschenka und begleitet sie.
GROSSMUTTER *tritt aus dem Dunkel hervor* Maschenka! – Du bist wieder zurück?

MASCHENKA Mit Wasser vom goldenen Brunnen, Großmutter.
GROSSMUTTER Dann ist alles gut, mein Kind – dann ist alles gut.
Aus der Dunkelheit treten die Leute des Dorfes heran und umringen die beiden.
KOSTJA Seht, was geschehen ist! Maschenka ist vom goldenen Brunnen zurückgekommen!
NINA Sie ist durch die Schwarzen Wälder gegangen.
MITJA Den Nebelwald hat sie für uns durchquert.
NJURA Der doppelköpfige Drache hat ihr kein Haar gekrümmt.
GROSSMUTTER Laßt uns zum Brunnen gehen! Das Wasser des Lebens wird ihn von seiner Krankheit heilen.
PETJA Heut ist ein Freudentag, Leute! Heut ist ein Freudentag für das ganze Dorf!
Er beginnt zu singen, die Burschen, die Mädchen und Großmutter fallen ein.
ALLE *singen im Kanon weiter*

> Heute ist ein Freudentag,
> Heute laßt uns singen!
> Laßt dem kranken Brunnen uns
> Die Genesung bringen.
>
> Durst gelitten haben wir
> Sieben lange Wochen –
> Freuet, freuet, freuet euch,
> Daß der Bann gebrochen!

Sie nehmen Maschenka in die Mitte und ziehen mit ihr hinaus.

DIE DUMME AUGUSTINE

Die dumme Augustine

Ein Theaterstück für Kinder

Es spielen mit

der dumme August

die dumme Augustine

der Guggo

die Gugga

das Guggilein

der Herr Zirkusdirektor

Ein Wort zuvor

Ich hatte als Kind immer die Vorstellung, der dumme August sei nicht nur im Zirkus, sondern auch im Privatleben der dumme August – eine Vorstellung, die sowohl diesem Stück als auch dem gleichnamigen Bilderbuch zugrunde liegt. Dementsprechend müssen der dumme August, die dumme Augustine und ihre Kinder auch im Privatbereich stets in Kostüm und Maske von dummen Augusten auftreten.

Die Augustkinder einschließlich des Guggileins werden von Erwachsenen dargestellt, sie ähneln ihren Eltern in auffallender Weise, auch in der Gewandung.

Wie es sich von selbst versteht, sind alle August-Requisiten von überdimensionaler Größe.

Das Stück bietet zahlreiche Möglichkeiten zur Improvisation, die nach Kräften genutzt werden sollten. Es ist darauf angelegt, ohne Pause durchgespielt zu werden. Wo unbedingt eine Pause gewünscht wird, sollte sie nach der 4. Spielszene eingefügt werden.

Aufzug des Ensembles mit dem Zirkuslied

Der Zirkus, der Zirkus,
Der Zirkus ist da!
Trari-trari-trara,
Der Zirkus ist da!
Mit Tigern und Giraffen,
Mit Löwen und mit Affen –
Trari-trari-trara,
Der Zirkus ist da!
Mit seinem bunten Zirkuszelt,
Mit allen Wundern dieser Welt,
Mit Clowns und Indianern
Samt zwölf Lilipu-ta-nern,
Und dann die große Attraktion:
Der dumme August in Person –
Trari-trari-trara,
Der Zirkus, der ist da!

Begrüßung des Publikums durch den Herrn Direktor

Vor dem Vorhang aus Zirkusplakaten, Tusch der Zirkuskapelle, alles Licht auf den Herrn Direktor.

DIREKTOR Ladies and Gentlemen!
  Mesdames et Messieurs!
  Hoch- und wertgeschätzte
  Damen und Herren Kinder!
  Als Direktor dieses weltbekannten Unternehmens habe ich die Ehre sowie das Vergnügen, Sie alle zu unserer heutigen großen Super-Gala-Extra-Vorstellung willkommen zu heißen. Erleben Sie mit mir, erleben Sie mit uns, erleben Sie aus erster, zweiter, dritter und letzter Hand unsere einmalige, unsere erstklassige, unsere unvergleichliche Darbietung in sieben Abteilungen, welche betitelt ist:
  Die dumme Augustine.
  Tusch der Zirkuskapelle, Direktor schwenkt den Zylinder, dann große Verheißungspose.
DIREKTOR Und nunmehr, hoch- und wertgeschätzte Damen und Herren, kleine und große Kinder, die erste Abteilung, welche unterbetitelt ist:
  Familie August stellt sich vor.
  Tusch der Zirkuskapelle, Direktor ab, Vorhang auf.

Erste Spielszene
Familie August stellt sich vor

Vor dem Wohnwagen. Links ein Sonnenschirm, rechts das Kinderbettchen mit Guggilein, dazwischen die übrige August-Familie in malerischer Gruppierung nach Art eines Familienfotos.

AUGUST Ich bin der dumme August.
AUGUSTINE Und ich bin die dumme Augustine.
AUGUST Ich bin der Mann.
AUGUSTINE Und ich bin die Frau.
BEIDE Und dies hier sind unsere Kinder ...
GUGGA Der Guggo!
GUGGO Die Gugga!
BEIDE Und das klitze-klitze-klitzekleine Guggilein!
    Guggilein beginnt zu plärren.
AUGUSTINE Nicht doch, Guggilein! Schön lieb sein, schön brav sein, Schön lieb-und-brav sein, Guggilein!
GUGGO Sonst weckst du die Löwen auf!
    Löwengebrüll von rechts.
GUGGA Sonst weckst du die Affen auf!
    Affengekreische von links.
AUGUST Die Löwen und die Affen, die Affen und die Löwen! Wer soll das aushalten?
    Löwengebrüll und Affengekreische von rechts und links. Alle halten sich entsetzt die Ohren zu, Guggilein steckt zwei Finger in den Mund und stößt einen Pfiff aus.
GUGGILEIN Rrrruhe, zum Donnerwetter!
    Gebrüll der Tiere bricht ab, Familie August strahlt vor Stolz.
AUGUST Unser Guggileinchen!
AUGUSTINE Unser Sonnenscheinchen!
GUGGA Unser klitze ...

Guggo Unser kleines ...
  Guggilein plärrt aufs neue in höchsten Tönen los.
August Nun hört euch das an!
Guggo Wie vom wilden Affen gebissen!
Gugga Da können wir lange singen!
Augustine Ob ich's mal mit der Flöte probiere ...?
  Sie spielt auf der Flöte »Schlaf Kindlein, schlaf«. Guggilein hört ihr kurz zu und brüllt weiter.
August Flöööte! Wie kann man bloß Flöööte spielen?!
  Er hängt sich ein Bombardon um und bläst einen Ton, Guggilein quietscht erfreut auf.
August Nun paß mal auf, Guggilein, was der Papi spielt!
  Während er lautstark und keineswegs frei von falschen Tönen »Hoppe-hoppe Reiter« bläst, nähern sich die andern auf Zehenspitzen dem Kinderbett. Guggilein ist eingeschlafen, es gibt laute Schnarch- und Pfeiftöne von sich. Die Familie ist entzückt.
Augustine Es schläft.
Guggo Es schläft wirklich!
Gugga *zu August* Fein hast du das gemacht!
August Habt ihr von eurem Papi vielleicht was anderes erwartet? Schließlich bin ich der dumme August!
Augustine Und ich bin die dumme Augustine!
Guggo / Gugga Und wir sind die dummen Augustkinder –
Gugga Der Guggo ...
Guggo Die Gugga ...
Guggilein *fährt aus dem Schlaf hoch, schlägt zwei Topfdeckel zusammen und kräht dazwischen* Und das klitze-klitze-klitzekleine Guggilein!
  Tusch der Zirkuskapelle, rascher Vorhang, erneuter Tusch.

Erstes Zwischenspiel vor dem Vorhang

Vor dem Vorhang. Direktor tritt auf und schwenkt den Zylinder.

DIREKTOR Sie haben nun, Ladies and Gentlemen, Damen und Herren, Mesdames et Messieurs, die Bekanntschaft jener überaus bemerkenswerten Familie gemacht, welche allseits geschätzt, bekannt und berühmt ist – was sage ich: welt-be-rühmt – als Familie August... Sehen Sie nun und genießen Sie, Ladies and Gentlemen, Damy i Gospoda, die zweite und nächste Abteilung unserer heutigen großen und einmaligen Super-Gala-Extra-Sondervorstellung, welche betitelt ist:
Ruhe vor dem Sturm
oder
Kein Mittagsschläfchen währt ewig.
Tusch der Zirkuskapelle, Direktor tritt ab, Vorhang auf.

Zweite Spielszene
Kein Mittagsschläfchen währt ewig

Vor dem Wohnwagen. August im Liegestuhl unter dem Sonnenschirm, über ihm hängt ein großer Wecker. Guggilein schläft in seinem Bettchen, Guggo schreibt, Gugga wickelt ihre Puppe mit einem endlosen Band. Augustine rührt einen Kuchen. Alle verhalten sich betont leise.

AUGUSTINE Pscht, Kinder, pscht ... Der Papi braucht seinen Mittagsschlaf – und das Guggilein auch. Gleich ist es Zeit für die Nachmittagsvorstellung.
Löwengebrüll von rechts.
AUGUSTINE Was müßt ihr solch einen Krach machen, blöde Viecher?!
Affengekreische von links.
AUGUSTINE Wollt ihr wohl stille sein, ihr verflixten Affen?!
Der Wecker schrillt. Alle fahren hoch, bloß der dumme August nicht.
GUGGO Der Wecker – der Wecker, Papi!
GUGGA Papi, du mußt in den Zirkus – du mußt zur Vorstellung, gleich bist du dran!!
AUGUSTINE Aufwachen, Papi – du mußt zur Vorstellung!
GUGGO/GUGGA Auf-wa-chen! Auf-wa-chen!
GUGGO Soll ich ihm einen Eimer Wasser ...? Hol mir die Leiter, Gugga!
Gugga holt eine Stehleiter, Guggo einen Eimer mit Wasser. Augustine betätigt eine altertümliche Autohupe.
AUGUSTINE Aufwachen, Papi, aufwachen! Warte noch, Guggo ...
GUGGO Ich zähle bis drei ...
GUGGA Kannst du das überhaupt?
GUGGO Eins ... zwei ... zweieinhalb ... zweidreiviertel ...
GUGGILEIN *ist erwacht, hat sich im Bettchen aufgerichtet und sagt mit ganz lieber und leiser Stimme* Papilein! – hulu-haluuu ...

Der dumme August fährt aus dem Liegestuhl hoch, Guggo läßt vor Schreck den Eimer fallen, großes allgemeines Geschrei.
AUGUST Was ist los, warum habt ihr mich nicht geweckt?! So spät schon – ich muß zur Vorstellung, gleich bin ich an der Reihe!!!
GUGGO Die Schuhe, Papi ...
GUGGA Die Schleife ...
AUGUSTINE Die Hosenträger!
AUGUST Schnell, schnell, schnell, schnell – Helft mir doch, helft mir, Papi darf nicht zu spät kommen ...
Die Familie ist eifrig darum bemüht, den dummen August fertig anzuziehen – was nicht einfach ist, da er vor Ungeduld nur so zittert.
AUGUST Schneller, schneller, zum Donnerwetter! Nicht so fest ... nicht so locker ... Aua, das war mein Hühnerauge, ahuuu – ahuuuuuu!
Mitten in den Trubel platzt der Herr Direktor herein, er ist schrecklich aufgeregt.
DIREKTOR Herr August, Herr August – Ihr Auftritt, Herr dummer August! Wo stecken Sie denn, zum Kuckuck?!
AUGUST Na, wo denn wohl, Herr Direktor? Ich stecke in meiner Hose!
DIREKTOR Ach, lassen Sie doch die blöden Scherze, Herr August. Sie müssen auftreten, und das schnell-schnell-schnell!!
AUGUST Bitte schön, Herr Direktor ...
Er tritt ein paarmal rasch hintereinander mit dem Fuß auf. Sehen Sie, wie ich auftrete, Herr Direktor?
DIREKTOR Aber doch nicht sooo, aber doch nicht hiiier! Im Zirkus müssen Sie auftreten, Menschenskind!
AUGUST Menschenskind? Menschenskind?? Wer heißt denn hier Menschenskind???
DIREKTOR Los doch, los doch, Herr dummer August! Rasch in den Zirkus, die Leute warten schon!!!
Er will den dummen August kurzerhand mit sich hinauszerren.
AUGUST *widersetzt sich* Guggo, Guggo, das Bombardon! Ohne Bom-

bardon kann ich nicht auftreten, Herr Direktor... Na mach schon, Guggo!
GUGGO *bringt das Bombardon* Das Bombardon, Papi – und toi-toi-toi!
DIREKTOR Sonst noch was?
AUGUST Natüüürlich sonst noch was – Gugga, die Hupe!
GUGGA *kommt mit der Hupe angesaust* Die Hupe, Papi – und toi-toi-toi!
DIREKTOR Sonst noch was?
AUGUST Natüüürlich, das hätte ich fast vergessen... Mamilein, laß den Kuchen nicht anbrennen, hörst du? Und gib auf die Kinder acht, während ich auftrete!
AUGUSTINE Klar, Papi – klar wie Zwetschgenmus, toi-toi-toi!
AUGUST Na, dann wollen wir mal, Herr Direktor – aber ein bißchen dalli, mein Bester, ein bißchen hoppla!
Vom Direktor gefolgt, verläßt der dumme August unter lautem Gehupe die Bühne. Augustine und die Kinder winken ihm nach.
ALLE August-Papi, toi-toi-toi!
August-Papi, toi-toi-toi!
AUGUSTINE Und jetzt wieder an die Arbeit, Kinder! Ich schiebe rasch den Kuchen ins Backrohr. Guggo, du machst deine Hausaufgaben... Gugga, du wischst das Wasser auf, und dann spielst du ein bißchen mit unserem Sonnenscheinchen...
GUGGILEIN *patscht in die Hände und kräht* Mit dem klitze-klitze-klitze-kleinen Guggilein!
Rascher Vorhang.

Zweites Zwischenspiel vor dem Vorhang

Im Hintergrund Zirkusmusik. Der Herr Direktor tritt auf, er ist außer Atem und wischt sich den Schweiß von der Stirn.

DIREKTOR   O ja, meine Damen und Herren, manchmal kommt man ganz schön ins Schwitzen mit dem Herrn dummen August. Aber das muß man ihm lassen, er macht seine Sache großartig – was sage ich: un-ver-gleichlich macht er sie. Es gibt keinen dümmeren dummen August als ihn zwischen Kapstadt und Hammerfest, zwischen Ceylon und Madagaskar – selbst hier nicht, in ... *(Name des Aufführungsortes)* Sie müßten ihn, Damen und Herren, sehen können, wenn er im Zirkus auftritt – in meinem Zirkus, bescheiden hinzugefügt ...

Während des folgenden Textes aus dem Hintergrund immer wieder Applaus, dazu an geeigneter Stelle Musik und Geräusche.

DIREKTOR   Was für ein herrlicher dummer August! Er läuft auf den Händen ... Er reitet auf einem wilden Esel ... Er macht Musik! Hören Sie, Damy i Gospoda – hören Sie das? Jetzt streitet er mit dem Stallmeister ... Jetzt stülpt er dem Stallmeister einen Eimer Wasser über den Kopf ... Jetzt stolpert er über die eigenen Füße und fällt auf die Nase ... Bravo, Herr dummer August, bravo! Das macht Ihnen niemand nach auf der ganzen Welt – bravo, bravo, bravo-bravissimo!!!

Er hat sich von seiner Begeisterung hinreißen lassen. Nun faßt er sich an die Stirn und entschuldigt sich.

DIREKTOR   O pardon, Señores y Señore, Ladies-and-na-Sie-wissen-schon ... Ich habe mich leider von meiner Begeisterung hinreißen lassen und ganz vergessen, Ihnen die nächste Abteilung unserer heutigen ein- und erstmaligen Knupper-Flupper-Superschau anzusagen, welche – ich meine die nächste und somit dritte Abteilung – betitelt ist:

Alle Tage – Müh und Plage
oder
Zwischen Backrohr und Wäschebrett.
Tusch der Zirkuskapelle, Direktor ab, Vorhang auf.

Dritte Spielszene
Alle Tage – Müh und Plage

Vor dem Wohnwagen. Auf der einen Seite Guggilein im Kinderwagen, auf der anderen der Sonnenschirm. Darunter Guggo, mit Hausaufgaben beschäftigt. In der Mitte Augustine am Waschfaß, sie rumpelt Wäsche auf einem altmodischen Wäschebrett. Gugga neckt Guggilein mit einer Kinderklapper.

GUGGA Guggi-Guggi-Guggilein! Guggi-Guggi-Guggilein!
GUGGILEIN Bäh!
GUGGO Mami, die sollen still sein!
AUGUSTINE Gugga, seid still – Guggo macht Hausaufgaben!
GUGGA Guggo ist blöd ...
GUGGO Selber blöd!
GUGGILEIN Bäääh!
AUGUSTINE *während sie ein endlos langes Wäschestück aus dem Waschtrog zieht* Müßt ihr denn immer streiten, Kinder? Zeig mal, Guggo, was du gerechnet hast ...
Sie geht, das immer länger werdende Wäschestück hinter sich herschleifend, zu Guggo.
Du hast auch schon mal schönere Ziffern geschrieben, Guggo. Was soll denn das heißen?
GUGGO Das da? Dreimal drei ist ... sieben.
AUGUSTINE Unsinn, das ist doch dreiunddreißig.
GUGGO Aber hier steht sieben.
AUGUSTINE Dann mußt du es eben ausbessern – klar?
Im Wohnwagen pfeift der Pfeiftopf.
GUGGA Mami, es pfeift!
GUGGO Der Pfeiftopf, Mami!
AUGUSTINE Ach du liebes bißchen, Papis Kaffee ... Den hätte ich fast vergessen!

Augustine saust in den Wohnwagen.

GUGGA *neckt Guggilein mit der Kinderklapper* Guggi-Guggi-Guggilein! Guggi-Guggi-Guggilein!

GUGGILEIN *schnappt sich die Klapper und haut sie Gugga auf den Kopf* Batz!

GUGGA Mami, Mami, Ma-ha-ha-hamiiiiii!

Augustine eilt herbei.

AUGUSTINE *stellt Gugga zur Rede* Was ist jetzt wieder los? Was gibt's da zu heulen, Gugga?

GUGGA Guggilein hat mich gehauen ... Es hat mich gehua-hua-hua-huaaah ...

GUGGILEIN *fuchtelt vergnügt mit der Klapper herum und freut sich* Guggi-Guggi-Guggilein! Guggi-Guggi-Guggilein!

AUGUSTINE Heul nicht, Gugga! Was mußt du unser liebes Guggilein auch ständig ärgern?

GUGGA Hab ich nicht!

GUGGO Haste doch!

GUGGA Alle sind gegen mich, hua-hua ... Alle sind ge-he-hegen mich!

AUGUSTINE Hör schon auf, Gugga! So ein großes Mädchen – und solch eine Heulsuse!

GUGGO Heulsuse! Heulsuse!

AUGUSTINE Willst du wohl aufhören, Guggo! Wieviel ist sechsmal sechs?

GUGGO Sechsmal sechs ist ... Ist sechsmal ... Ist sechsundsechzig!

AUGUSTINE Na also! *Zu Gugga* Und du, Gugga, läufst zum Kaufmann und holst einen Liter Milch, zwei Pfund Möhren, ein Päckchen Sauerkraut und als Nachtisch für August-Papi ein Viertelpfund Türkischen Honig.

GUGGA Sechs Liter Möhren, ein Viertelpfund Türkische Milch und als Nachtisch für August-Papi ein Päckchen Sauerkraut ...

AUGUSTINE Halt, Gugga, komm zurück! Wie das Kind wieder aussieht ... So kann ich dich nicht auf die Straße lassen, mit diesem Struwwelkopf!

Sie zieht einen riesengroßen Kamm hervor und beginnt Gugga zu striegeln. Guggo spricht beim Rechnen laut mit.

GUGGO Neunmal fünf ist – fünfundneunzig... Siebenmal drei ist – dreiundsiebzig... Achtmal vier ist – vierundachtzig...

AUGUSTINE Siehst du, wie gut das geht! Wenn man es erst mal begriffen hat, geht es wie geschmiert...

GUGGILEIN *hat sich unterdessen mit der Klapper vergnügt, das Spiel geht weiter* Guggi-Guggi-Guggilein... Guggi-Guggi-Guggilein... Guggi-Guggi-Guggilein – batz!

Es haut sich die Klapper selbst auf den Kopf und bricht in herzzerreißendes Geschrei aus. Augustine läßt den übergroßen Kamm in Guggas Haar stecken; sie saust zu Guggilein, um es zu beschwichtigen.

AUGUSTINE Ach du liebes bißchen, du liebes bißchen! Was ist denn, mein liebes Guggilein? Hat sich Guggilein weh getan mit der bösen Klapper? Huschi-huschi-huschi, Guggilein – Huschi-huschi-huschi...

Guggo und Gugga wechseln vielsagende Blicke, sie äffen Augustine nach, die ihrerseits mit Guggilein schäkert.

AUGUSTINE Gu-gu-gu-gu-gu... Ach, du mein liebes kleines, du mein süßes braves, du mein klitze-klitze-klitzekleines Guggilein...

Guggilein haut die Klapper der dummen Augustine auf den Kopf.

GUGGILEIN Batz! Batz! Batz!

AUGUSTINE Aua, Guggilein! Da muß die Mami aber weinen, wenn unser liebes klitze-klitze-klitzekleines Guggilein böse ist, hu-hu-hu-huuuh!

Hinter der Szene: Tusch im Zirkuszelt, Gelächter eines zahlreichen Publikums, brausender Beifall mit Hochrufen. Guggo springt auf und fuchtelt vor Begeisterung mit den Armen.

GUGGO Hört ihr das? Hööört ihr das?!

GUGGA Das ist Papi!

GUGGO August-Papi hat seinen zweiten Auftritt...

GUGGA Im Zirkus!

Tusch im Zirkuszelt, Gelächter, sich steigernder Beifall; dazu immer wieder an geeigneter Stelle Musik und Geräusche.
AUGUSTINE Seht ihr ihn, Kinder – seht ihr ihn? Was für ein herrlicher dummer August, der August-Papi ...
GUGGO Er macht einen Salto ...
GUGGA Er schneidet Gesichter ...
AUGUSTINE Er bläst auf dem Bombardon!
GUGGO Jetzt bekommt er schon wieder Streit mit dem Stallmeister!
GUGGA Laß dir bloß nix gefallen, Papi ...
GUGGO Gib's ihm, Papi – gib's ihm!
AUGUSTINE Die Leute klatschen, die Leute rasen! Wenn das kein Papi ist – unser August-Papi ...
GUGGO / GUGGA August-Papi, bravo! August-Papi, braaavooo!
Beifallsstürme im Zirkuszelt. Augustine und die Kinder genießen sie voller Stolz. Wenn der Beifall zu Ende ist, seufzt Augustine auf und wischt sich die Augen.
AUGUSTINE Ach, wie schön muß das sein – wenn man so mitten im Zirkus steht, und die Leute klatschen ... und klatschen ... und klatschen ...
Aus dem Schornstein des Wohnwagens steigt dicker schwarzer Qualm empor. Guggilein bemerkt ihn und schwingt die Klapper.
GUGGILEIN Mami! Mamiii!
GUGGA Mami – es stinkt ...
GUGGO Es stinkt nach verbranntem Kuchen, Mami!
AUGUSTINE Papis Kuchen ist angebrannt! Das muß mir passieren – ausgerechnet mir! *Sie rennt zum Wohnwagen.* Wer wird das nun unserm Papi beibringen?!
GUGGA Der Guggo!
GUGGO Die Gugga!
GUGGILEIN *schwingt die Klapper, wie immer hat es das letzte Wort* Und das klitze-klitze-klitzekleine Guggilein!
Rascher Vorhang.

Drittes Zwischenspiel vor dem Vorhang

Der Herr Direktor kommt mit dem dummen August herein, er klopft ihm auf die Schulter.

DIREKTOR Großartig, wie Sie das wieder gemacht haben, Herr dummer August – einfach großartig, Kompliment, Kompliment!
AUGUST Was haben Sie denn erwartet, Herr Direktor? Schließlich bin ich der dumme August ...
DIREKTOR Der dümmste und beste, den man sich denken und wünschen kann ...
AUGUST Und der hungrigste!
DIREKTOR Wie bitte?
AUGUST So bitte! Nach der Vorstellung hab ich immer Hunger – und zwar auf Kuchen ... Merken Sie nichts, Herr Direktor?
DIREKTOR Eigentlich, um bei der Wahrheit zu bleiben, merke ich nicht das mindeste ...
August zieht ein riesiges Taschentuch aus der Hosentasche und reicht es dem Direktor.
AUGUST Dann sollten Sie sich mal gründlich die Nase putzen, Herr Direktor ...
Er hilft dem Direktor beim Naseputzen, wobei er ebenso systematisch wie rabiat verfährt.
Rechtes Nasenloch ... Linkes Nasenloch ... Und jetzt beide gleichzeitig! Na, Herr Direktor – können Sie endlich riechen, wonach es riecht?!
DIREKTOR Es riecht angebrannt ...
AUGUST Angebrannt, Herr Direktor? Nach Kuchen riecht es! Nach Ku-Ku-Kuuuchen ...
August verschwindet eilends hinter dem Vorhang. Jetzt erst wendet sich der Direktor dem Publikum zu.
DIREKTOR Verzeihen Sie, Damen und Herren, Pardon, Pardon ...

Eigentlich habe ich ja die Ehre und das – äh – Pläsier, Ihnen hiermit die nächste und somit vierte Abteilung unserer heutigen Trala-Bala-Galavorstellung anzusagen, welche betitelt ist:
Kuchen und Kaugummi
oder
Ein Unglück kommt selten allein.
Tusch der Zirkuskapelle, Direktor ab, Vorhang auf.

Vierte Spielszene
Ein Unglück kommt selten allein

Der dumme August hat am Kaffeetisch Platz genommen, der unter dem Sonnenschirm gedeckt ist. Augustine, Guggo und Gugga bedienen ihn. Guggilein, dessen Wagen unmittelbar neben dem Tisch steht, ist mit einem Luftballon beschäftigt, den es aufzublasen versucht.

AUGUSTINE So, lieber August-Papi, jetzt wollen wir dir einen schönen heißen Kaffee eingießen ...
AUGUST Und wo bleibt der Kuchen?
GUGGA Magst du Milch, lieber August-Papi ...?
AUGUST Und wo bleibt der Kuchen?
GUGGO Vergiß den Zucker nicht, lieber August-Papi!
AUGUST Und wo bleibt der Kuchen, zum Kuckuck?!
  Der Luftballon, den das Guggilein aufgeblasen hat, zerplatzt mit lautem Knall.
GUGGILEIN Andebannt! Andebannt! Andebannt!
AUGUST Angebrannt? – An-ge-brannt?!
GUGGILEIN Andebannt, andebannt, andebannt!
AUGUST Augustine! Ich frage dich – ist das wirklich wahr?
AUGUSTINE Leider ja, lieber August-Papi – ich hab ihn anbrennen lassen.
AUGUST Du hast ihn ...
AUGUSTINE Ich hab ihn anbrennen lassen, Papi – und weißt du, warum?
AUGUST Das mußt du mir schon erklären!
AUGUSTINE Wir haben den Beifall gehört, aus dem Zirkus ...
GUGGO Wir haben das Publikum lachen hören ...
GUGGA Und wir sind stolz gewesen auf dich ...
GUGGILEIN Schlecklich stolz, schlecklich stolz!!
AUGUSTINE Da habe ich deinen Kuchen einfach vergessen, Papi! Vor

lauter Begeisterung habe ich ihn im Backrohr vergessen ...
AUGUST *ist sichtlich gerührt und fühlt sich überaus geschmeichelt* Tja, wenn das sooo ist ... Das finde ich aber großartig! Einfach priiiiiima!! – Und was tun wir nun gegen meinen Hunger?
AUGUSTINE Ich könnte dir ja ein Brot streichen, Papi ... Mit süßem Senf vielleicht – oder möchtest du lieber ein Marmeladebrot?
AUGUST Marmeladebrot ... ? Süßes Senfbrot ... ? Warum nicht ein Senfbrot mit Marmelade? Soviel Brot ... soviel Marmelade ... und **so**viel Senf drauf!!! Und hinterher ein Stück Türkischen Honig, ja?
AUGUSTINE Los, Kinder – kommt und helft mir ...
Sie eilt mit Guggo und Gugga davon und verschwindet im Wohnwagen.
AUGUST Das nenne ich aber eine Familie! Die lassen vor lauter Bewunderung für den Papi sogar den Kuchen anbrennen – ts-ts-ts-ts!!!
GUGGILEIN Ts-ts-ts-tssssss!
AUGUST Ach, das Guggilein! Unser liebes, unser kleines, unser klitze-klitze-klitzekleines Guggilein ...
Er schäkert mit Guggilein, Guggilein haut ihm eine Fliegenpatsche auf den Kopf.
GUGGILEIN Batz!
AUGUST Na hör mal – das finde ich aber gar nicht lieb von dir, Guggilein! Darf man das mit dem Papi machen? – Du-du-du!
GUGGILEIN Bäh-bäh-bäh-bäääh!
Augustine und die Kinder kommen zurück: Augustine mit einem Brotlaib, Guggo mit dem Senftopf, Gugga mit der Marmelade.
AUGUSTINE So, nun werden wir unserem lieben Papi ein schönes, großes und süüüßes Senfbrot mit Marmelade schmieren, damit unser lieber Papi bei Kräften bleibt ... Immer hübsch abwechselnd! Marmelade und süßer Senf ... Marmelade und süßer Senf ...
Guggo und Gugga versuchen zu naschen.
Guggo, nimm den Finger aus dem Senftopf! – Laß das, Gugga, du

alte Naschkatze! – Aufpassen muß man bei diesen Kindern, die sind wie die Wespen.

GUGGO Gugga ist eine Wespe!

GUGGA Und du bist der Wesperich!

GUGGILEIN Wes-pelich! Wes-pe-lich!

AUGUST *droht ihnen mit der Fliegenpatsche* Jetzt reicht's aber! Oder muß euch der Papi eins mit der Patsche geben?! Siehst du, Mami – der Papi braucht bloß ein Wort zu sagen, und schon bist du alle Wespen los ...

Augustine streicht das Brot fertig, während sich Guggo und Gugga im Hintergrund halten.

AUGUSTINE So, lieber Papi, das süße Senfbrot mit Marmelade ist fertig. Nun wünschen wir alle ...

ALLE Guten Appettit!

GUGGILEIN Pitti-pitti-piiit!

AUGUST *hat von dem Brot gekostet und ist begeistert* Prima! Ganz-ganz priiima! Wollt ihr mal davon kosten? Ein Stück für die Mami ... Und eins für den Guggo ... Ein Stück für die Gugga ... Und eins für das ...

GUGGILEIN Klitze-klitze-klitzekleine Guggilein!

AUGUST Na, stimmt's etwa nicht? Das Brot mit dem Senf und der Marmelade schmeckt einfach ...

ALLE Priiiiiima!

AUGUST Ich muß dir wirklich ein Kompliment machen, Mami! Und weil du dem Papi solch ein prima-prima-prima Brot geschmiert hast, darfst du dir auch was wünschen.

AUGUSTINE *verdreht die Augen und seufzt* Ach, August-Papi ...

AUGUST Was heißt da: Ach, August-Papi?

AUGUSTINE Ich wünschte mir manchmal ...

AUGUST Na, los doch!

AUGUSTINE Ich wünschte mir, daß ich manchmal genau so im Zirkus auftreten dürfte – wie du.

ALLE Im Zirkus ...?

AUGUSTINE Erst diese Nacht hab ich wieder davon geträumt ...
ALLE Vom Zirkus ...?
AUGUSTINE Stellt euch das vor: Ich bin wirklich im Zirkus aufgetreten, vor allen Leuten!
GUGGA Tatsächlich, Mami?
AUGUSTINE *ist ganz hingerissen* Ich bin auf den Händen gelaufen, ich bin auf dem Esel geritten, ich habe Musik gemacht! Zwischendurch bin ich ein paarmal auf die Nase gefallen – und dreimal auf den Hintern!
GUGGO Ui – wirklich, Mami? Echt wirklich?!
AUGUSTINE Die Leute im Zirkus haben geklatscht und getobt und bravo gerufen: Bravo, bravissimo, Augustine, bravissimo! Und ich bin stolz gewesen – das könnt ihr euch gar nicht vorstellen, wie das ist, wenn man stolz sein kann ... Einfach großartig ist das!!
GUGGA Schade, daß du es bloß geträumt hast ...
AUGUSTINE Das möchte ich mal am Tag erleben, das müßte schön sein! Ich glaube sogar, ich könnte das auch ...
AUGUST Im Zirkus auftreten? – Daß ich mich nicht verschlucke, Mami! Bleib du mal lieber, wohin du gehörst – in der Küche und bei den Kindern. Ich bin der Mann, ich verdiene das Geld – und du bist die Frau, du gehörst ins Haus. Da hast du gerade genug zu tun, und es ist auch wichtig.
AUGUSTINE Und trotzdem, Papi! Ich möchte so gern mal im Zirkus auftreten – warum geht das nicht?!
AUGUST Weil nun mal zufällig **ich** der Mann bin, und du bist die Frau. Warum mußtest du auch als Augustine zur Welt kommen?
AUGUSTINE *beginnt zu heulen* Aber ich möchte – hu-hu-hu-huuu ... Ich möchte doch soooooo gern mal im Zirkus – hu-hu-hu-huahua-huahuuuuuuh!
August zieht ein endlos langes Taschentuch aus der Hose und tupft ihr die Tränen ab.
AUGUST Nicht heulen, Mami, nicht heulen! Magst du zum Trost vielleicht mal von meinem Türkischen Honig kosten?

AUGUSTINE *wischt sich mit Augusts Taschentuch die Nase* Danke, Papi, ganz lieb von dir! Bloß mit dem Türkischen Honig, weißt du – da sage ich lieber: Danke schön, besser nicht!
AUGUST Besser nicht ... ?!
AUGUSTINE Ich fürchte, das ist nix für meine Zähne, Papi ... Und weißt du, was noch? – Ich fürchte, für deine auch nicht.
AUGUST *fletscht die Zähne* Unnütze Sorgen, Mami – bei dem Gebiß! Den Türkischen Honig mußt du mir erst mal zeigen, der meinen Zähnen schadet ...
August hält ein Stück Türkischen Honig empor und beißt herzhaft hinein, gewissermaßen zu Demonstrationszwecken. Hierauf nimmt sein Gesicht langsam einen erstaunten, dann einen immer gequälteren Ausdruck an, bis er plötzlich in den erbarmungswürdigsten Tönen losjault.
AUGUST Hu-hu-hu-huuuh! Ahu-hu-hu-huahua-huuuuuuh!
AUGUSTINE Papi, was ist denn – was hast du denn?
AUGUST Zahnweeeh! Zaaahnweeeeeeh!
AUGUSTINE Das mußte ja einmal kommen. Der ewige Türkische Honig!
AUGUST Hu-hu-hu-huuuh! Ahu-hu-hu-huahua-huuuuuuh!
AUGUSTINE *blickt ihm in den Mund* Laß sehen, Papi ... Ich werde dir einen Wickel machen – und dann zum Zahnarzt!
AUGUST *mit allen Zeichen des Entsetzens* Zum – Zaaahnarzt ...?
AUGUSTINE Was hast du dir denn gedacht?
AUGUST *während Augustine ihm einen dicken Wickel anlegt* Aber die Abendvorstellung, Mami! Und außerdem habe ich ganz-ganz schreckliche Angst ...
AUGUSTINE Da hilft alles nix, August-Papi – was sein muß, muß sein. Los jetzt, auf Wiedersehen!
AUGUST Aber ihr müßt an den Papi denken, wenn Papi beim Zahnarzt ist ...
AUGUSTINE Keine Sorge, ich denke bestimmt an dich!
AUGUST Und die Kinder?
AUGUSTINE Natürlich, Papi – die Kinder auch ...

GUGGA Der Guggo ...
GUGGO Die Gugga ...
GUGGILEIN *hat sich unterdessen mit Marmelade vollgeschmiert, haut nun mit dem Löffel auf den leeren Marmeladetopf* Und das klitze-klitze-klitzekleine Guggilein!
AUGUSTINE Kommt, Kinder – wir wollen dem lieben Papi ein bißchen Mut machen!
Sie stimmt ein Lied an, die Kinder fallen ein und klatschen dazu im Takt, während der dumme August jammernd abzieht.
ALLE Der Papi muß zum Zahnarzt,
ade, ade, ade!
Und wenn der Papi wiederkommt,
dann tut ihm nix mehr weh!
Und wenn ihm nix mehr weh tut,
dann rufen wir juchhe!
Der Papi muß zum Zahnarzt,
ade, ade, ade!
Der Papi muß zum Zahnarzt,
ade, ade, ade!
Zirkuskapelle nimmt die Melodie auf, Vorhang.

Viertes Zwischenspiel vor dem Vorhang

Zirkusmusik verklingt, in der Ferne ist das Publikum der Abendvorstellung zu hören.

PUBLIKUM *skandiert im Chor* Au-gust! Au-gust! Au-gust! Wo bleibt der dumme August?!
Der Herr Direktor tritt auf, er ist völlig ratlos und aufgelöst.
DIREKTOR Das kann ich mir nicht erklären, etwas Derartiges ist mir in meinem ganzen langen Zirkusleben noch nie passiert ... Die Abendvorstellung hat begonnen – und der Herr dumme August versäumt seinen Auftritt!
Die Rufe des Publikums werden stärker und dringlicher, der Herr Direktor wird zusehends nervöser.
DIREKTOR *nach links, quasi zum Zirkuspublikum* Ja doch, ja doch, Damen und Gentlemen, Ladies y Gospoda! Eine kleine Umstellung des Programms – eine kleine Umstellung, Sie verstehen. Aus technischen Gründen bringen wir jetzt ... Wir bringen Ihnen die Löwennummer mit den dressierten Affen! *Nach rechts, quasi zum Personal* Tempo, Tempo, die Affen-und-Löwennummer! Aber rasch, wenn ich bitten darf! Zirkusmarsch! Zirkusmarsch!
Musik intoniert den Zirkusmarsch, Unruhe im Publikum legt sich allmählich wieder.
DIREKTOR Was für eine Blamage! Was für eine unbeschreiblich blamable Blamage! Und so was in meinem Zirkus!! Na, der Herr dumme August kann sich auf was gefaßt machen! Jetzt möchte ich nicht der Herr dumme August sein!!! *Ins Theaterpublikum* Weshalb sitzen Sie eigentlich da herum und glotzen mich an? Ach ja, Sie warten darauf, wie die Sache weitergeht ... Das werden Sie gleich erfahren – und zwar in der fünften Abteilung, welche betitelt ist ... Ach was! Denken Sie sich doch gefälligst selber einen Titel aus, wenn Sie unbedingt einen möchten – beispielsweise:

Die Direktion ist in Nöten ...
Ich bin in Eile und muß jetzt weg!
Direktor eilends ab, Vorhang auf.

Fünfte Spielszene
Die Direktion ist in Nöten

Es ist Abend geworden. Augustine sitzt unter dem zugeklappten Sonnenschirm und putzt mit einem riesengroßen Messer riesengroße Rüben; die Kinder befinden sich im Wohnwagen.

AUGUSTINE *singt bei der Arbeit*
        Eins, zwei, drei, vier,
        fünf, sechs, sieben,
        Augustine, die putzt Rüben:
        Rüben gelb und Rüben rot –
        Rüben für das Abendbrot.
Eigentlich komisch, daß man beim Rübenputzen die Rübe stillhält und mit dem Messer dran rumschabt. Vielleicht geht es andersrum auch ...
Guggilein beginnt im Wohnwagen gräßlich zu schreien.
AUGUSTINE Was ist jetzt wieder los?
GUGGA *stößt ein Fenster des Wohnwagens auf* Mami, Mami! Guggilein will sich nicht füttern lassen, es kratzt und spuckt!
AUGUSTINE Laß dir von Guggo helfen!
GUGGA Der sagt, das ist Weibersache.
AUGUSTINE Das wäre ja noch schöner ... Guggo, Guggo – wo steckst du denn?!
GUGGO *stößt das andere Fenster auf* Hast du gerufen, Mami?
AUGUSTINE Und ob ich gerufen habe! Geh und hilf Gugga beim Guggileinfüttern!
GUGGO Aber ich muß doch rechnen, Mami! – Und schönschreiben muß ich auch noch.
AUGUSTINE Erst mußt du Gugga helfen, sonst setzt's was!
Sie droht ihm mit einer der riesengroßen Rüben; Guggo verschwindet; sie widmet sich erneut ihrer Arbeit und singt dabei.

Eins, zwei, drei, vier,
fünf, sechs, sieben,
Augustine, die putzt Rüben:
Rüben gelb und Rüben rot –
Rüben für das Abendbrot.
Eigentlich geht es mir ja soweit ganz gut. Was für ein stiller, friedlicher Abend ...

GUGGILEIN *brüllt im Wohnwagen wie am Spieß.*

AUGUSTINE Na ja – bis auf Guggilein. Aber sonst ist es wirklich ein ausnehmend stiller und friedlicher Abend ...

DIREKTOR *hinter der Szene, im Näherkommen* August! Herr August! Herr dummer August! Geben Sie doch gefälligst Antwort, wenn man Sie ruft!

AUGUSTINE Nanu, ist das nicht der Herr Direktor, der da so laut herumschreit?

Der Herr Direktor stürzt herein, er ist schrecklich aufgeregt.

DIREKTOR Wo stecken Sie denn, zum Donnerwetter? Ihr Auftritt, Herr August, Ihr Auftritt!

AUGUSTINE Also, wenn Sie meinen Mann suchen, Herr Direktor – der ist beim Zahnarzt.

DIREKTOR *total entgeistert* Beim Za-Za-Za-Za ...?

AUGUSTINE Ganz recht, Herr Direktor – beim Zahnarzt.

DIREKTOR Aber er hat doch ... Er hat doch ...

AUGUSTINE Zahnweh.

DIREKTOR Nein, Vorstellung! Er hat Vorstellung – und zwar jetzt! Wie kann er da einfach zum Zahnarzt laufen?!

AUGUSTINE Ich sagte Ihnen doch schon, daß er Zahnweh hat ...

Guggo und Gugga sind an den Fenstern erschienen und verfolgen das Gespräch als stumme Zeugen.

DIREKTOR Zahnweh, Zahnweh? Als dummer August hat man kein Zahnweh zu haben, jedenfalls nicht, wenn man aufzutreten hat!

AUGUSTINE Ich verstehe gar nicht, weshalb Sie sich so entsetzlich aufregen, Herr Direktor.

DIREKTOR Wissen Sie, was passiert, wenn Ihr Mann nicht auftritt? – Die Leute verlangen das Geld für die Eintrittskarten zurück.
In der Ferne ist jetzt wieder das Publikum der Abendvorstellung zu hören.
PUBLIKUM *skandiert im Chor*
Au-gust! Au-gust!
Wo bleibt der dumme August?
Zeig dich, August, unserem Blick,
sonst wolln wir unser Geld zurück!
DIREKTOR Hören Sie sich das an! Sie glauben wohl, daß wir das Futter für unsere Tiere umsonst bekommen? Das Fleisch für die Affen, die Erdnüsse für die Pferde, das Heu für die Löwen?
AUGUSTINE Herr Direktor...
DIREKTOR Sie sollen mir nicht dazwischenreden! Ich meine natürlich: das Fleisch für die Pferde, die Erdnüsse für die Löwen, das Heu für die... Ach zum Teufel, es ist ja kein Wunder, wenn man allmählich um den Verstand kommt in diesem Affenzirkus, wo jeder zum Zahnarzt rennt, wann es ihm grade paßt!
AUGUSTINE Herr Direktor...
DIREKTOR Sie sollen mir nicht dazwischenreden! Sagen Sie mir doch lieber, wie wir aus dieser blöden Geschichte wieder herauskommen!
AUGUSTINE Aber das will ich doch schon die ganze Zeit! Die Sache mit meinem Mann, Herr Direktor – die ist nämlich halb so schlimm.
DIREKTOR Was Sie nicht sagen!
AUGUSTINE Verlassen Sie sich auf mich, Herr Direktor – mir ist da gerade was eingefallen... Natüüürlich, das wollen wir doch mal sehen! – Guggo, Guggo, das Bombardon! Ohne Bombardon kann ich nicht auftreten.
DIREKTOR Auftreten? – Siiie??
AUGUSTINE Na – Sie vielleicht, Herr Direktor?
GUGGO *bringt das Bombardon* Das Bombardon, Mami – und toi-toi-toi!

DIREKTOR Aber Sie können doch nicht einfach so ...
AUGUSTINE Natüüürlich kann ich das. – Gugga, die Hupe!
GUGGA *kommt mit der Hupe angesaust* Die Hupe, Mami – und toi-toi-toi!
AUGUSTINE Bleibt hübsch brav, Kinder, und vertragt euch, während ich bei der Arbeit bin.
GUGGO Klar, Mami!
GUGGA Klar wie Zwetschgenmus!
AUGUSTINE Na, dann wollen wir mal, Herr Direktor – aber ein bißchen dalli, mein Bester, ein bißchen hoppla!
Vom Direktor gefolgt, verläßt Augustine unter lautem Gehupe die Bühne. Guggo und Gugga winken ihr nach.
BEIDE Augustine, toi-toi-toi!
Augustine, toi-toi-toi!
GUGGA Ich muß sagen, das finde ich große Klasse.
GUGGO Was meinst du ... Ob sie es schaffen wird?
GUGGA Mami? – Die schafft das lässig!
GUGGO Jedenfalls drücken wir ihr den Daumen.
GUGGA Der Guggo ...
GUGGO Die Gugga ...
GUGGILEIN *steckt Kopf und Arme zum Fenster heraus* Und das klitze-klitze-klitzekleine Guggilein!
Rascher Vorhang.

Fünftes Zwischenspiel vor dem Vorhang

Im Hintergrund Zirkusmusik, Applaus und Bravo-Rufe. Der Herr Direktor tritt auf, er wischt sich den Schweiß von der Stirn.

DIREKTOR Man sollte es nicht für möglich halten, man sollte es nicht für möglich halten – und doch, und doch ... Die dumme Augustine macht ihre Sache großartig, Damen und Herren – hören Sie selbst!
Im Hintergrund ist das Zirkuspublikum der Abendvorstellung zu hören.
PUBLIKUM *skandiert im Chor*
Bravo, Augustine! Bravo, Augustine!
Seht nur, was sie alles kann –
Fast noch besser als ihr Mann!
Während des folgenden Textes aus dem Hintergrund immer wieder Applaus, dazu an geeigneter Stelle Musik und Geräusche.
DIREKTOR Was für ein herrlicher Auftritt! Sie läuft auf den Händen ... Sie reitet auf einem wilden Esel ... Sie macht Musik! Jetzt streitet sie mit dem Stallmeister ... Jetzt stülpt sie ihm einen Eimer mit Marmelade über den Kopf ... Die Abendvorstellung, Ladies and Gentlemen, ist gerettet! Bravo, Frau Augustine, das haben Sie gut gemacht! Bravo, bravo, bravo-bravissimo!
Er hat sich von seiner Begeisterung hinreißen lassen. Nun faßt er sich an die Stirn und entschuldigt sich.
DIREKTOR O pardon, Señores y Señore, Damen-und-na-Sie-wissen schon ... Ich habe mich leider von meiner Begeisterung hinreißen lassen, anstatt Ihnen die nächste und somit sechste Abteilung unserer heuten Bala-Bala-Galaschau anzusagen, welche betitelt ist:
Die beste Augustine der Welt
oder
Damit hat der Papi nicht gerechnet.
Tusch der Zirkuskapelle, Direktor ab, Vorhang auf.

Sechste Spielszene
Damit hat Papi nicht gerechnet

Guggo und Gugga auf dem Dach des Wohnwagens, Guggilein im Fenster; sie halten begeistert Ausschau in Richtung Zirkus. Aus der Ferne noch einmal ein großer Applaus für Augustine mit Bravorufen und mehrfachem Tusch.

GUGGA Na, Guggo – was sagst du jetzt? War das nun große Klasse?
GUGGO Einsame Spitze, Gugga! Ganz prima!
GUGGILEIN Piiima-Piima-Piiiiima!
GUGGA Und du hast gemeint, sie könnte das nicht ...
GUGGO Das hat Papi gesagt.
GUGGILEIN Papi-Papi-Papiii! Halu-halu-laluuu!
GUGGO Was ist jetzt wieder los, du Schreihals?
GUGGILEIN *deutet aufgeregt in die entgegengesetzte Richtung* Papi! Paapi-Paaapiii!
GUGGO Tatsächlich! Ich glaube, da kommt er ...
GUGGA Na, der wird Augen machen!
GUGGILEIN Papi-Papi-Paaaaapiii!
  Der dumme August kommt herbeigeeilt, er ist völlig außer Atem.
AUGUST Aaach-du-liebe-Zeit, bin ich gerannt ... Aaach-du-liebe-Zeit, bin ich gerannt! Aber: der Zahn ist gezogen, die Schmerzen sind weg – und es hat fast beinah ungefähr überhaupt nicht weh getan! Wie spät haben wir's eigentlich?
  Er greift tief in die Hosentasche, zieht einen Wecker heraus und hält ihn ans Ohr.
  Er geht nicht ... Ich glaube, den muß ich aufziehn ...
  Er zieht den Wecker auf und hält ihn ans Ohr.
  Komisch, der Bursche rührt sich noch immer nicht. Ich glaube, den muß ich schütteln ...
  Der Wecker bleibt stumm.

Aufziehn hilft nix, Schütteln hilft auch nix. Vielleicht hilft
Spucke ...
*Er spuckt auf den Wecker, der augenblicklich zu schrillen beginnt. Der
dumme August springt auf, er ist vollkommen aus dem Häuschen.*
Ach du großer Schreck – sooo spät schon? Ich muß in die Vorstellung – ich muß auftreten! Guggo, Guggo, wo steckst du? Das
Bombardon! Dalli-dalli, das Bombardon!! Und die Hupe, Gugga
– die Huuupe!!!
GUGGA   Die Hupe ist weg, die hat Mami.
GUGGO   Und Mami hat auch das Bombardon.
AUGUST   Mami? Mein Bombardon? Meine Hupe? Wie soll Papi dann
auftreten?
GUGGA   Brauchst du ja heute gar nicht ...
GUGGO   Weil Mami dich heut vertritt.
AUGUST   Im Zirkus?
GUGGA   Na, wo denn sonst?
GUGGILEIN   Wo-denn-sonst-wo-denn-sonst?
GUGGO   Komm rauf, Papi! Gleich hat Mami den zweiten Auftritt.
GUGGA   Von hier aus kannst du sie prima sehen! Aber mach schnell!
*Zirkusmusik, Bravorufe, Applaus des Zirkuspublikums; dazu immer
wieder an geeigneter Stelle Musik und Geräusche. Der dumme August
steigt auf den Wohnwagen; gemeinsam mit den Kindern beobachtet er
Augustine bei ihrem Auftritt.*
GUGGO   Na, Papi, was sagst du nun? Ist sie nicht großartig?
AUGUST   Großartig? – Die ist Spitze!
GUGGA   Einsame Spitze, Papi! Ganz prima!
GUGGILEIN   Piiima-piiima-piiiiiima!
GUGGA   Und du hast gemeint, die könnte das nicht ...
GUGGO   Damit hast du wohl nicht gerechnet, Papi?
GUGGA   Aber wir haben es dir ja gleich gesagt: Unsere Mami kann
das!
AUGUST   Und wie sie es kann! Einfach großartig, einfach priiima!
ALLE   *singen gemeinsam und klatschen dazu*

Seht euch mal die Mami an,
Was die Mami alles kann –
Mami, du bist prima!

Tanzen, springen, Witze machen,
Hört nur, wie die Leute lachen –
Mami, du bist prima!

Ja, wer hätte das gedacht
Wie gut sie ihre Sache macht –
Mami, du bist priiima!

GUGGILEIN Piiima-piiima-piiiiiimaaa!!
Zirkusmusik nimmt die Melodie des Liedes auf, allgemeiner Beifallssturm, August kippt vor Begeisterung hintenüber. Rascher Vorhang.

Sechstes Zwischenspiel vor dem Vorhang

Zirkusmusik verklingt, es wird still im Theater. Der Herr Direktor tritt betont leise auf.

DIREKTOR Die Abendvorstellung, Ladies and Gentlemen, ist ein großer, ein riesengroßer Erfolg gewesen. – Wie könnte es anders sein bei dieser großartigen, was sage ich: dieser einmalig sensationellen dummen Augustine!!! Doch nun ist es still geworden im Zirkus und drum herum ... Der Mond scheint aufs Zelt herunter. Die Affen schlafen, die Löwen schlafen – Gugga, Guggo und Guggilein schlafen auch ... Trotzdem möchten wir unsere heutige Riesen-Super-Gala-Extraschau nicht beschließen, ohne Ihnen zuvor auch noch die siebente und letzte Abteilung gezeigt zu haben, welche betitelt ist:
Nicht heulen, Mami
oder
Ab morgen wird alles anders.
Bereits im Abgehen Wir bitten Sie lediglich, Damen und Herren, kleine und größere Kinder, sich nach möglichster Möglichkeit äußerst still zu verhalten, damit wir die werten Augustkinder nicht aufwecken – und die Löwen und Affen auch nicht ...
Direktor auf Zehenspitzen ab, Vorhang auf.

Siebte Spielszene
Ab morgen wird alles anders

Es ist dunkel, der Mond steht am Himmel. Die Fensterläden des Wohnwagens sind geschlossen. August und Augustine sitzen unter dem Sonnenschirm, von dem ein paar Lampions herabhängen und die Szene beleuchten.

AUGUST Na, wie fühlst du dich, Mami?
AUGUSTINE Ein bißchen müde, aber sonst großartig. – Bist du mir auch nicht böse, Papi?
AUGUST Wieso denn böse?
AUGUSTINE Weil ich im Zirkus aufgetreten bin – und das ist ja doch eigentlich deine Sache.
AUGUST Hat es dir wenigstens Spaß gemacht?
AUGUSTINE Es war herrlich! Ganz herrlich war es, fast wie im Traum, bloß tausendmal schöner! Die vielen Leute, das viele Licht – und der Beifall von allen Seiten! Ach, Papi ...
Sie beginnt zu schluchzen. Der dumme August zieht sein riesiges Taschentuch hervor und versucht sie zu trösten.
AUGUST Nicht heulen, Mami – nicht heulen! Hast du nicht selbst gesagt, daß es herrlich gewesen ist?
AUGUSTINE Das ist es ja eben, Papi. Weil es ja eigentlich **deine** Sache ist: Du bist der Mann, du verdienst das Geld – und ich bin die Frau, ich gehöre ins Haus, in die Küche und zu den Kindern ...
AUGUST Wer sagt das?
AUGUSTINE **Du** hast es doch gesagt – oder etwa nicht?
AUGUST Man sagt manchmal manches, auch wenn es Blödsinn ist. – Weißt du was, Augustine? Wir treten von jetzt an gemeinsam im Zirkus auf!
AUGUSTINE Du – und ich?
AUGUST Ich und du. Das gibt eine August-Nummer, da werden die Leute kopfstehen! – Und ich Esel, ich hätte dich in der Küche versauern lassen, wenn ich nicht Zahnweh gekriegt hätte ...

AUGUSTINE Küchenarbeit muß aber auch sein. Und Strümpfestopfen und Wäschewaschen und alles andere!
AUGUST Wir werden uns die Arbeit teilen, Mami. Ab morgen wird alles anders bei uns. Du hilfst mir im Zirkus – und ich dir im Haus, das ist eine klare Sache. Ich werde Kartoffeln stopfen und Strümpfe schälen, die Suppe bügeln, die Wäsche abschmecken, jeden Morgen den Fußboden heizen, den Ofen spülen und das Geschirr fegen – einverstanden?
AUGUSTINE Tausendmal einverstanden! – Und weißt du, Papi, worauf ich jetzt schon gespannt bin?
AUGUST Na?
AUGUSTINE Auf die Kinder! Was die wohl sagen werden, wenn sie erfahren, daß wir ab heute alles gemeinsam machen?
Guggo und Gugga haben sich, von den Eltern unbemerkt, schon vor einer Weile aus dem Wohnwagen geschlichen und ihnen zugehört.
GUGGA Wir Kinder finden das prima, Mami!
GUGGO Wir finden es prima, Papi! – Und wißt ihr, worauf wir Kinder am meisten gespannt sind?
GUGGA Ob das wohl klappen wird mit dem Papi im Haushalt...
GUGGO Das möchten wir gerne wissen – und zwar wir alle...
GUGGA Der Guggo...
GUGGO Die Gugga...
GUGGILEIN *stößt die Fensterläden auf, beugt sich weit heraus und schlägt begeistert zwei Topfdeckel gegeneinander* Und das klitze-klitze-klitzekleine Guggilein!
Der Herr Direktor kommt händeringend herbeigeeilt.
DIREKTOR Leise, leise – ihr macht mir mit dem Geschrei noch die Affen wach...
Löwengebrüll von rechts.
AUGUST Das sind aber jetzt die Löwen gewesen...
DIREKTOR Habe ich ja gemeint.
AUGUSTINE Na, sehen Sie, Herr Direktor...
Affengekreische von links.

DIREKTOR Die Affen auch noch ...
AUGUST Die können das auch im Chor, Herr Direktor! Eins – zwei – drei – los!

Die Löwen brüllen, die Affen kreischen. Alle halten sich entsetzt die Ohren zu. Guggilein steckt zwei Finger in den Mund und stößt einen schrillen Pfiff aus.

GUGGILEIN Rrrruhe, zum Donnerwetter!

Gebrüll der Tiere bricht schlagartig ab, Familie August verbeugt sich nach allen Seiten, der Herr Direktor schwenkt den Zylinder. Guggilein stößt einen weiteren Pfiff aus. Alle Anwesenden erstarren in der soeben eingenommenen Pose nach Art eines Familienfotos. Tusch der Zirkuskapelle.

Abzug des Ensembles mit dem Zirkuslied

> Der Zirkus, der Zirkus
> Der Zirkus war da!
> Trari-trari-trara
> Der Zirkus war da!
> Mit Tigern und Giraffen,
> Mit Löwen und mit Affen
> Und seiner großen Attraktion,
> Der Augustine in Person –
> Trari-trari-trara-a,
> Der Zirkus, der war da!

Vorhang.

Sybil Gräfin Schönfeldt
Kindertheaterstücke von Otfried Preußler

Theater spielen, das ist ein doppeldeutiger Begriff, besonders für Kinder. Sie tun es, ehe sie noch die Muttersprache richtig beherrschen, ehe sie wissen, was eine Bühne und was Kulissen sind, und sie brauchen kein Kostüm, um die Mutter des Teddybären zu sein oder der Seeräuber im Meer der Daunenkissen.
»Mach kein Theater!« hören sie andererseits immer wieder von den Erwachsenen, und das soll in den meisten Fällen heißen: Sei, wie ich dich will! Entzieh dich mir nicht!
Rollenspiel und Freiheit der Phantasie – das sind die beiden Quellen des Theaters, und der Mensch braucht schon als Kind beides. Er braucht die Möglichkeit, alles auszuprobieren, was er werden könnte, samt der Auskunft, was das für Folgen haben könnte, also: welche Verpflichtung, welche Beschränkungen mit einer bestimmten Rolle verbunden sind, in Wahrheit und in Wirklichkeit: die Hexe muß zum Beispiel hexen können, und die Mutter muß für ihre Kinder sorgen und kochen. So ist es in Wirklichkeit. Aber in Wahrheit trägt auch die Hexe den Glanz des Guten in sich, und eine Mutter – nun, selbst Kinder wissen heute schon, daß Küche und Kammer nicht mehr ihr einziges Revier sind. Was also könnte einem geschehen, wenn man eine Hexe, eine Mutter, ein Räuber, eine Fee wäre?
Schon befinden wir uns auf der Bühne, und es muß nicht die des Theaters sein. Jedes Zuhause ist die Bühne, die sich mit Phantasie zu der des Lebens ganz allgemein verwandeln läßt. Und das ist – abgesehen von allen anderen Erklärungen – einer der triftigsten Gründe, warum uns die Märchen nicht verlassen. In ihnen haben sich im Lauf unserer langen Vergangenheit die Gestalten versammelt, die wir als Sinnbilder verstehen. Kein Mensch hat einen Drachen gesehen, aber man weiß, was er bedeutet. Riesen und Zwerge: die Sagen erzählen, wie sie aus Fels und Eis entstanden sind, und jedem Kind sind die Erwachsenen

wieder Riesen von der gleichen Macht und manchmal Fürchterlichkeit wie die der Edda. Die Jungfrau und der Königssohn retten dagegen die Welt immer wieder und lösen alle Aufgaben, wenn auch nicht immer gleich beim ersten Mal. Wer also ein Märchen erzählt oder auf die Bühne hebt, der vertritt die Ansicht, daß Riesen und Zwerge, Hexen und Drachen etwas mehr sind als beliebige und beliebig austauschbare Erfindungen. Der kann sich zweitens darauf verlassen, daß ihn viele verstehen, die Kinder ebenso wie die Eltern. Otfried Preußler hat gleich mit seinem ersten Buch, »Der kleine Wassermann«, den alten Märchenton so selbstverständlich angeschlagen, daß er für die deutsche Nachkriegskinderliteratur diesem Genre seine ganz bestimmte Form verliehen hat. Preußler verfremdet Märchen nicht. Er besitzt vielmehr die einzigartige Begabung, Erfahrungen und auch Lehren für unsere moderne Umwelt so ins Märchen eingehen zu lassen, daß er mit Humor und ohne Ironie auskommt und die eigentliche Tiefenwirkung der Märchen bewahrt. Denn Märchen sagen, worin der Sinn des Lebens liegt, und machen Mut, den Preis dafür zu zahlen.
Otfried Preußler, im nordböhmischen Reichenberg geboren und nach Krieg und russischer Kriegsgefangenschaft Lehrer in Rosenheim, kannte und kennt Kinder. Er beobachtete Schul- und Nachbarskinder. Er liest Enkeln vor. Er korrespondiert mit seinen Lesern und beantwortet alle Fragen nach Literatur und Leben mit großem Ernst. Er weiß also, für wen er schreibt, und er hat immer schon gern gespielt und Typen und Charaktere in seinen Geschichten vorgestellt, die zum Darstellen reizten. So hat er bald auch für das Theater geschrieben und knüpft dabei an die drei ältesten Formen des Schauspiels an, die wir in unserem Sprachraum kennen: an das Märchen, an den Hanswurst, also den Kasperl, und an die Commedia dell'arte. Seine Forderungen an diejenigen, die sich mit Kindertheater befassen, lauten kurz und bündig: sie müssen etwas vom Theater verstehen und auch etwas von Kindern. In einem anderen Zusammenhang schrieb er: »Sie müssen Kinder liebhaben.«
Das ist keine sentimentale Leerformel. Es heißt vielmehr: wer den

Kindern zuliebe an sie und ihre Wünsche denkt, auch an ihren Wunsch, unterhalten zu werden, der macht ganz altmodisch gutes Theater. Das wiederum sieht Preußler in drei Gruppen geteilt: »Es gibt«, sagt er, »das professionelle Theater mit gelernten Schauspielern, Bühne, Orchestergraben und Zuschauerraum.« Frontaltheater also, Schau-Theater, klassische Form, in der Antike ausgebildet. »Dann gibt es das Amateur-Theater. Das kann auch eine Jugendgruppe sein.« Jedenfalls spielen meist Jugendliche und Kinder mit, die Bühne kann ein Zimmer sein, eine Wiese, ein ehemaliger Kinosaal. Manche Amateurtheater verkaufen Karten, andere spielen für die Familie und Nachbarn, für einen festen Freundeskreis, durch dessen Kinder und Enkel sich das Ensemble immer wieder verjüngt.
»Und drittens: Schultheater, von Schülern für Schüler. Das sind bei weitem die schönsten Aufführungen, die ich je gesehen habe. Das hat gar nichts mit der Ausstattung zu tun, denn die Aufführungen kommen meist mit einer Andeutung von Kostüm aus. Das reicht den Kindern. Sie gehen noch ganz unmittelbar daran. Aber: wenn Kinder eine Rolle übernehmen, dann sind sie die Figur, dann sind sie verzaubert und verzaubern andere mit.« Gerade darauf hat Preußler Rücksicht genommen: seine Stücke können zwar mit allen technischen Hilfsmitteln aufbereitet, aber auch auf einer Wiese gespielt werden. Sie haben so große Schauspieler wie Josef Meinrad oder Gerd Fröbe gereizt, sie sind aber so klar und logisch, daß Kinder in jeder Hinsicht damit fertig werden, denn die Texte lernen sich leicht auswendig, sind aber so angelegt, daß man sie wie im Stegreifspiel sinngemäß weitersprechen kann, wenn dem Spieler der Preußlersche Satz nicht einfällt: sie ergeben sich wie im Märchen. So sind wir wieder beim Märchen, das von Menschen erzählt und ihrer Entwicklung und Verwandlung, von dem Prozeß, den gerade der junge Mensch besonders deutlich in sich selber spürt. In »Der Goldene Brunnen«, einem Märchenspiel, das Preußler extra für die Bühne geschrieben hat, ist es ein Mädchen, das unerschrocken die Gefahren auf sich nimmt, um aus diesem Zauberbrunnen Wasser zu holen, das den Dorfbrunnen wieder zum Quellen bringen soll. Ihr

Weggefährte wird ein alter Soldat, redefreudig und gefräßig, ein Mensch wie viele, mit denen Kinder im Märchen und in Wirklichkeit auskommen müssen. Die Handlung ergibt sich: hier ist die Aufgabe, dort der Weg. So kommt die Geschichte auch mit diesen beiden Personen aus: mit dem Kind, der Identifikationsfigur, dem die Familie und das ganze Dorf die große, wichtige Leistung zutraut, und mit dem alten Hinkebein, unberechenbar und an ganz anderen Dingen interessiert – wie alle Erwachsenen. Das reicht als Spannungsmoment, denn wenn der Erwachsene auch weiß, daß Märchen gut ausgehen, welches Kind zitterte nicht um seinesgleichen in so gefährlicher Gesellschaft?

Ein Kind, diesmal mit seinem treuesten Freund, ist auch der Mittelpunkt von Preußlers vermutlich beliebtestem und formal reizvollstem Märchenspiel »Die kleine Hexe«. Preußler hat die Handlung wieder auf den Weg zu zweit – zum Blocksberg – reduziert, und in Rückblenden wird das gezeigt, was die Hexe gezaubert hat, um eine gute Hexe zu werden, wobei die Kinder sofort kapieren, daß die arme kleine Hexe damit ins Verhängnis rennt. Sie ist abermals das Kind, das im Zuschauerraum sitzt. Sie hat die Worte der alten erfahrenen Hexen wortwörtlich genommen. Jedes Kind weiß, was das bedeutet. Vollendet wird das Stück durch einen Mittler zwischen Bühne und Publikum, der die Barriere aufhebt und die Zuschauer mit ins Spiel einbezieht. Das ist der Rabe Abraxas, der Vertraute der kleinen Hexe, wobei die Tatsache, daß ein Rabe nicht Theater spielen kann, zu der offenen Form dieses Stücks geführt hat, denn da der Rabendarsteller nun einmal damit begonnen hat, sich mit den Kindern zu unterhalten, bleibt er dabei. »Dieses doppelte Spiel«, sagt Preußler, »nehmen die Kinder immer an. Es ist plausibel, daß der Rabe gleichzeitig Spieler und Teil des Publikums ist.« Preußler versteht das nicht als Experiment oder Gag, sondern als Notwendigkeit, die sich aus der Natur des Theaters und des Raben ergab. Freilich zeigt sich an diesem Beispiel, daß zum offenen Kindertheater vorzügliche Schauspieler gehören, die die Zwischenrufe der Kinder richtig – auch richtig im Sinne der Dramaturgie – beantworten können. Das ideale Kindertheater à la Preuß-

ler wäre ohnehin das Stegreifspiel mit einer vorgegebenen Geschichte und vielen Improvisierungen und Dialogen. In diesem Zusammenhang weist Preußler auch immer wieder auf eine Faustregel fürs Kindertheater aller Kategorien hin, zu der ihn die Erfahrung gebracht hat: ein einfaches Kinderstück sollte am besten mit einfachen Mitteln aufgeführt werden. Denn je einfacher sie sind, desto stärker wird die Phantasie der Kinder geweckt und herausgefordert. Je mehr Aufwand und Apparate jedoch ins Spiel gebracht werden, desto mehr nimmt man den Kindern.
Der Spaß am Spiel, Spaß ohne Schadenfreude, das ist das Motto des »Räuber Hotzenplotz«. Man kann sich darüber streiten, ob die Ahnherrn des Räubers eher vom Kasperltheater kommen oder aus der Commedia dell'arte, aus diesem Welttheater fest umrissener Charaktere, in dem es nicht auf Wandlung und Entwicklung ankommt, sondern auf das Typische, auf das Markante. Das gerade ist beiden Volks- und Kunstformen gemeinsam. Sie benutzen ihre Charaktere wie Zitate. Wenn eine Person auftritt, wissen die Zuschauer gleich, wer und wie sie ist. Die Zipfelmütze: das ist Kasperl, keck und munter. Ein Zähneklappern: das Krokodil, das zwar furchterregend, aber nicht so klug wie Kasperl ist. Die Großmutter: das ist das Prinzip Güte und leckeres Essen. Die Fee braucht nur hold und zaubermächtig zu sein, und der Räuber selber? Mehr ein Aufschneider als ein Bösewicht. Da der Polizist den Deppen dieser Geschichte gibt, kann der Räuber ein Schlitzohr sein. Richtig klug wäre unmöglich, weil er ja Kasperl und seinem Freund manchmal in die Falle tappen muß, und so ergibt ein Charakter den anderen, alle miteinander werden eine eigene Welt, in der zwar die Wahrheit, auch die Logik, jedoch nicht die Wirklichkeit regiert. Es ist eine Welt ohne Schule, Mütter und Zähneputzen, also genau diejenige, die den Zuschauern Spaß verspricht. Ist so die Welt? Natürlich nicht; aber so lieb beschränkt wie die Großmutter, so abergläubisch beschränkt wie die Nachbarin, so amtlich beschränkt wie der Polizist und so geldgierig wie der Hotzenplotz sind viele Menschen, die den Zuschauer-Kinder täglich begegnen.

Das gilt erst recht vom Spiel um »Die dumme Augustine«. Dumm? Sie ist die Frau vom Dummen August, das hat ihr den Namen eingebracht. Das hat ihr die Arbeit für die Familie mit den drei Kindern eingebracht und den Traum, auch einmal wie der Dumme August im Zirkus aufzutreten und Kunststücke und Späße zu machen, über die die Kinder lachen können. Da haben wir doppelte Stereotype: Berufsklischee und Familienklischee steigern einander, so daß Preußler mit einem Text auskommt, der wie ein Volkslied fast nur aus allbekanntem Refrain besteht, in den jeder Zuschauer, ob Mann, Frau oder Kind, sofort einstimmen kann. Und bei dessen Getön die wahren Gedanken gedacht werden. Gerade weil jeder mit diesem Problem vertraut und ein Kenner aller Variationen ist, kann Preußler eine Ideallösung als Verblüffung bieten. So gut und glatt kann es laufen? So leicht gibt ein Mann seine Position auf? So groß kann Liebe sein – oder was? »Ja!« sagen die Auguste und lachen die Zuschauer mit ihrem aufgemalten Lachen an, und die müssen damit fertig werden. Ein emanzipatorisches Stück, so hat man »Die dumme Augustine« genannt. Die kleine Hexe hatte sich schon Jahre, ehe dieses Attribut in die Umgangssprache aufgenommen wurde, als Emanze auf dem Zauberbesen erwiesen, und beide Stücke, in denen Mädchen die Hauptrollen spielen, haben bei jeder Truppe und vor jedem Publikum ununterbrochen Erfolg. Das zeigt, daß die emotionale und soziale Lernfähigkeit der Kinder nicht nur durch Theaterstücke geweckt und gefördert werden kann, in denen es um die Probleme der Realität geht.

Otfried Preußler
Anmerkungen zu Herkunft, Biographie und Werk

Otfried Preußler stammt aus Nordböhmen, wo seine Vorfahren seit dem 15. Jahrhundert als Glasmacher im Vorland des Iser- und Riesengebirges ansässig waren. Auch kleine Bauern und ländliche Handwerker finden sich unter ihnen, ein paar Kupferstecher, die es an der Nürnberger Kunstakademie zu Ansehen brachten, und, in der weiteren Verwandtschaft, zwei veritable Zauberer: der Brechschmied von Morchenstern und der Wunderdoktor Johann Joseph Anton Eleazar Kittel in Schumburg.
Preußler selbst wurde am 20. Oktober 1923 als Sohn eines Lehrers, der zugleich Heimatforscher und Volkskundler war, im nordböhmischen Reichenberg geboren. In Reichenberg verlebte er die Jahre seiner Kindheit und Jugend, dort besuchte er die Volksschule und die Oberschule für Jungen. Zwei Tage nach der im März 1942 abgelegten Reifeprüfung wurde er Soldat. Im Sommer 1944 geriet er in Bessarabien als Leutnant in sowjetische Kriegsgefangenschaft, die nächsten fünf Jahre seines Lebens verbrachte er in verschiedenen Lagern in der tatarischen Republik, im Gebiet von Kasan. Im Juni 1949 entlassen, ging er nach Oberbayern, wohin es seine Angehörigen nach der Vertreibung aus der böhmischen Heimat verschlagen hatte. Er absolvierte in München ein pädagogisches Studium, wurde anschließend Volksschullehrer und blieb bis 1970 im Schuldienst tätig.
Mit seiner Frau und drei Töchtern lebt Preußler nun in Haidholzen bei Rosenheim. Seit Anfang der fünfziger Jahre hatte er sich nebenberuflich als Schriftsteller betätigt, er schrieb Hörspiele für den Kinderfunk, dann kamen die ersten Kinderbücher hinzu, auch einige Übersetzungen stammen aus seiner Feder. Es gab Preise dafür, es gab Auszeichnungen verschiedenster Art, heute ist Otfried Preußler Mitglied des internationalen PEN-Clubs und einer der bekanntesten und erfolg-

reichsten Kinderbuchautoren deutscher Sprache. Seine Bücher haben erstaunliche Auflagenziffern erreicht und liegen in mehr als 80 fremdsprachigen Übersetzungen vor, seine Bühnenstücke zählen zu den meistgespielten Werken des zeitgenössischen Kindertheaters.

Weitere Kindertheaterstücke von Otfried Preußler:

Neues vom Räuber Hotzenplotz
Eine Kasperlgeschichte nach dem gleichnamigen Buch

Hotzenplotz 3
Eine Kasperlgeschichte nach dem gleichnamigen Buch

Krabat
Eine Szenenfolge mit Musik nach Motiven des gleichnamigen Romans

Theater der Phantasie

Otfried Preußlers Kinderbücher »sind nichts anderes als Poesie, die sich durch ihre Phrasenlosigkeit, ihren Humor und durch ihren Reichtum an natürlich-übernatürlichen Einfällen für Kinder prädestiniert... Ein heutiger Griff in die ewige Kinderzeit des Menschen«. So schreibt etwa Helmut von Cube in der Süddeutschen Zeitung.

Otfried Preußler / **Die kleine Hexe** / 128 Seiten, DM 15,80 / ISBN 3 522 10580 X

Otfried Preußler / **Der Räuber Hotzenplotz** / 128 Seiten, DM 15,80 / ISBN 3 522 11520 1

Otfried Preußler / Herbert Lentz / **Die dumme Augustine** / 28 Seiten, DM 19,80 / ISBN 3 522 41060 9 / Bilderbuch

bei Thienemann
Blumenstraße 36 / 7000 Stuttgart 1

Paul Maar

Wie Otfried Preußler ist auch Paul Maar nicht nur ein bekannter Kinderbuchautor, sondern ebenso ein bekannter Kinder*theater*autor. Für seine Stücke, mit denen er alle jene Lügen straft, die Phantasie und Realität nicht zusammendenken können, wurde er mit dem Brüder-Grimm-Preis, dem bedeutendsten Preis auf dem Gebiet des Kinder- und Jugendtheaters, ausgezeichnet.

Seine fünf schönsten und erfolgreichsten Kindertheaterstücke (Kikerikiste – Freunderfinder – Mützenwexel – Die Reise durch das Schweigen – Das Spielhaus) sind in diesem Buch enthalten:

**Paul Maar
Kindertheaterstücke**

Verlag Friedrich Oetinger · Hamburg